Gerenciamento de Projetos
Project Model Canvas (PMC)®

MANOEL VERAS

Gerenciamento de Projetos
Project Model Canvas (PMC)®

PREFÁCIO DE
Ivonildo Rego
Instituto Metrópole Digital (IMD)

Copyright© 2014 por Brasport Livros e Multimídia Ltda.

Todos os direitos reservados. Nenhuma parte deste livro poderá ser reproduzida, sob qualquer meio, especialmente em fotocópia (xerox), sem a permissão, por escrito, da Editora.

Editor: Sergio Martins de Oliveira
Diretora: Rosa Maria Oliveira de Queiroz
Gerente de Produção Editorial: Marina dos Anjos Martins de Oliveira
Revisão: Mell Siciliano
Editoração Eletrônica: Abreu's System Ltda.
Capa: Paulo Vermelho

Técnica e muita atenção foram empregadas na produção deste livro. Porém, erros de digitação e/ou impressão podem ocorrer. Qualquer dúvida, inclusive de conceito, solicitamos enviar mensagem para **editorial@brasport.com.br**, para que nossa equipe, juntamente com o autor, possa esclarecer. A Brasport e o(s) autor(es) não assumem qualquer responsabilidade por eventuais danos ou perdas a pessoas ou bens, originados do uso deste livro.

V476g   Veras, Manoel
         Gerenciamento de Projetos: Project Model Canvas (PMC) / Manoel Veras - Rio de Janeiro: Brasport, 2014.

         ISBN: 978-85-7452-674-4

         1. Gerenciamento de Projetos 2. Project Model I. Título.

                                                                                      CDD: 658.404

Ficha Catalográfica elaborada por bibliotecário – CRB7 6355

BRASPORT Livros e Multimídia Ltda.
Rua Pardal Mallet, 23 – Tijuca
20270-280 Rio de Janeiro-RJ
Tels. Fax: (21) 2568.1415/2568.1507
e-mails: marketing@brasport.com.br
           vendas@brasport.com.br
           editorial@brasport.com.br
site: **www.brasport.com.br**

Filial SP
Av. Paulista, 807 – conj. 915
01311-100 – São Paulo-SP
Tel. Fax (11): 3287.1752
e-mail: filialsp@brasport.com.br

DEDICATÓRIA

Dedico esta obra ao meu pai, João Hélio Rocha, Major do Exército (*in memoriam*), que me ensinou a amar o Brasil.

Aí está o mérito do êxito de meus projetos: Sempre fui muito exigente e rigoroso com procedimentos que aparentemente não faziam muito sentido na época. Mais tarde viu-se que esse rigor fez a diferença entre afundar ou não, concluir ou não um projeto.

AMYR KLINK

AGRADECIMENTOS

Agradeço a todos que me apoiam e me ajudam a prosseguir. Este livro traz uma abordagem nova para o gerenciamento de projetos.

O gerenciamento de projetos é hoje uma competência básica para qualquer profissional de qualquer área. No Brasil o interesse por ele só cresce: a estimativa é que existam hoje (início de 2014) mais de treze mil profissionais certificados como *Project Management Professional* (PMP).[1] Este é apenas um indicador.

Agradeço a contribuição dos alunos dos diversos *workshops* que já promovi sobre o uso do *Project Model Canvas* na área de TI e aos mais de dois mil alunos que já tive em cursos presenciais e à distância em gerenciamento de projetos.

Agradeço ao Sérgio Martins e à Rosa Queiroz da Brasport pelo apoio incondicional de sempre.

Dr. Manoel Veras

---

[1] Fonte: http://pmtech.com.br.

Nota do Autor

Este livro pretende dar uma contribuição para a formação de profissionais de gerenciamento de projetos no Brasil. Existem diversos livros publicados em língua portuguesa sobre gerenciamento de projetos. Não faria sentido aqui fazer o que já foi feito. Assim, a proposta deste livro é vincular temas importantes da área de gerenciamento de projetos a uma ferramenta visual recém-lançada, denominada *Project Model Canvas*. Nisso ele é novo e atual.

A abordagem do livro é explorar aspectos essenciais de gerenciamento de projetos mostrando como a metodologia e a ferramenta *Project Model Canvas* pode ser utilizada.

Escrever um livro é um grande projeto. Quando desenvolvo a sua estrutura tenho em mente para quem estou escrevendo, quem eu quero atingir. Considero a definição do público-alvo uma das partes mais importantes de uma obra como essa. Portanto, reforço aqui para quem é este livro!

- Se você for um profissional de gerenciamento de projetos ou pretende ser, você é o alvo deste livro.
- Se você for um profissional de TI e está interessado em crescer, deverá também ler este livro. São mostrados diversos exemplos de uso do gerenciamento de projetos em TI.
- Se você for um aluno universitário ou de escola técnica matriculado em cursos de ciência da computação, engenharia de sistemas ou mesmo tecnologia da informação e entender a essência deste livro, estará se preparando para lidar com o gerenciamento de projetos de TI utilizando uma nova ferramenta: o *Project Model Canvas*.
- Se você for um aluno de especialização em gerenciamento de projetos, ou mesmo de um mestrado profissional, pode também aproveitar este livro.
- Se você for um curioso na área de gerenciamento de projetos, esta obra pode ajudá-lo.

É importante ressaltar que consultei diversas referências acadêmicas e profissionais na área de gerenciamento de projetos, tanto nacionais como internacionais, e elas são citadas durante todo o texto. Todos os capítulos possuem citações, notas e referências específicas.

PREFÁCIO

Este livro é mais uma importante contribuição trazida pelo Professor Manoel Veras para tornar mais compreensível e agradável os complexos temas do mundo corporativo, em especial das tecnologias da informação. Datacenter, Virtualização e Cloud Computing são conceitos do universo das tecnologias desenvolvidos e muito bem integrados nos seus quatro livros anteriores. Desta vez, ele nos brinda com um livro que irá facilitar, em muito, o trabalho daqueles que lidam com o gerenciamento de projetos no nosso país.

Ao fazer uso de uma ferramenta visual, o *Project Model Canvas* (PMC), o livro facilita a compreensão e encurta caminhos para aqueles que desejam enveredar pelo campo de gerenciamento de projetos. Para os que já são profissionais do ramo, ele apresenta uma nova ferramenta que ajuda na comunicação e na integração de equipes, sendo, inclusive, um facilitador para o uso das tecnologias de projetos ditas tradicionais.

Vale ressaltar que o último capítulo do livro traz um relato de casos de uso do PMC em projetos de tecnologia da informação, fazendo deste material uma leitura importante para aqueles que se preocupam com o planejamento e a boa gestão de projetos de alta tecnologia.

É importante registrar que a pluralidade da formação acadêmica de Manoel Veras – com graduação e mestrado em Engenharia Elétrica e Doutorado em Administração, títulos estes obtidos em três importantes universidades públicas do Brasil –, aliada a sua vivência na indústria e centros de pesquisa e a uma excepcional habilidade didática para apresentar conceitos de forma simples e agradável, faz deste livro uma importante referência para o mundo da gestão de projetos.

José Ivonildo do Rêgo
Diretor do Instituto Metrópole Digital

SUMÁRIO

Introdução 1

PARTE I. INTRODUÇÃO AO PMC

1. Negócios 7
    1.1. Negócios, Desempenho, Estratégia e Projetos 7
    1.2. *Business Model Generation* (BMG) 10
    1.3. *Balanced Scorecard* (BSC) 14
        1.3.1. Mapas Estratégicos 20
        1.3.2. *Balanced Scorecard* Corporativo (BSC Corporativo) 22
    1.4. BSC e BMG 23
    1.5. Questões de Revisão 24
    1.6. Referências Bibliográficas 25

2. Gerenciamento de Projetos 27
    2.1. Evolução do Gerenciamento de Projetos 27
    2.2. Conceitos Importantes 31
        2.2.1. Cliente, Patrocinador e Partes Interessadas (*Stakeholders*) 31
        2.2.2. Escopo e Estrutura Analítica do Projeto (EAP) 32
        2.2.3. Matriz RACI 33
        2.2.4. CPM e PERT 34
        2.2.5. Risco 35
    2.3. Sucesso e Fracasso 36
    2.4. Indicadores 37
        2.4.1. Indicadores de Projetos 38
        2.4.2. *Cockpit* de Projetos 40
    2.5. Aspectos Essenciais do Guia PMBOK 40
        2.5.1. Introdução 40
        2.5.2. Ciclo de Vida 41
        2.5.3. PDCA 41

2.5.4. Grupos de Processos de Gerenciamento de Projetos 44
2.5.5. Áreas de Conhecimento 45
2.5.6. Documentos Principais 46
2.5.7. Negociação, Liderança e Comunicação 47
2.6. *Project Model Canvas* (PMC) 49
2.7. Questões de Revisão 51
2.8. Referências Bibliográficas 51

3. *Project Model Canvas* (PMC) 53
3.1. Surgimento 53
3.2. Conceito e Fatores-chave 54
3.3. PMC Digital 58
3.4. Princípios 59
3.5. Metodologia 60
3.6. Dificuldades com o Guia PMBOK 61
3.7. Dificuldades com a metodologia SKOPUS 63
3.8. BSC, BMG e PMC 64
3.9. Questões de Revisão 65
3.10. Referências Bibliográficas 65

PARTE II. UTILIZAÇÃO DO PMC

4. Gerenciamento de Portfólio de Projetos (PPM) 69
4.1. O que é o PPM? 69
4.2. Padrão para Gerenciamento de Portfólio 69
4.3. PPM e BSC 72
4.4. Método GUT 74
4.5. Método de Análise Hierárquica (AHP) 75
4.6. PPM e PMC 80
4.7. Questões de Revisão 82
4.8. Referências Bibliográficas 82

5. Escritório de Gerenciamento de Projetos (PMO) 83
5.1. Visão Geral 83
5.2. Estratégia e Estrutura 85
5.3. O que é o PMO? 88
5.4. Razões Contra e a Favor da Utilização do PMO 91
5.4.1. Razões a Favor do PMO 91
5.4.2. Razões Contra o PMO 92
5.5. Atribuições do PMO 92
5.6. Maturidade do Escritório de Projetos 93
5.7. PMO e PMC 96
5.8. Questões de Revisão 96
5.9. Referências Bibliográficas 97

6. Maturidade em Gerenciamento de Projetos (PMM) 99
    6.1. Origem 99
    6.2. Para que Serve o PMM?... 100
    6.3. Modelo de Maturidade em Gerenciamento de Projetos (MMGP) 100
        6.3.1. Competências 101
        6.3.2. Metodologia 101
        6.3.3. Sistemas de Informação 102
        6.3.4. Alinhamento Estratégico 102
        6.3.5. Estrutura Organizacional 102
        6.3.6. Níveis do Modelo MMGP.. 102
        6.3.7. Plano de Crescimento da Maturidade (PCM) 104
    6.4. *Organization Project Management Maturity Model* (OPM3) 105
    6.5. *Project Management Maturity Model* (PMMM)... 106
    6.6. PMM e PMC 107
    6.7. Questões de Revisão 108
    6.8. Referências Bibliográficas 109

PARTE III. CASOS DE USO DO PMC

7. Projetos de Tecnologia da Informação 113
    7.1. Contexto... 113
    7.2. Governança da TI 116
        7.2.1. Matriz de Arranjos de Governança da TI 117
        7.2.2. Acordo de Nível de Serviço (*Service Level Agreement* – SLA) 121
    7.3. Projeto de Governança da TI... 124
        7.3.1. Governança no Tribunal de Contas Estadual (TCE)............................. 126
    7.4. Infraestrutura de TI 130
        7.4.1. Visão Geral.. 130
        7.4.2. A Biblioteca ITIL 131
    7.5. Projeto de Datacenter... 133
        7.5.1. Visão Geral.. 133
        7.5.2. Infraestrutura de Datacenter para o TCE-PA...................................... 135
    7.6. Projeto de Virtualização 137
        7.6.1. Visão Geral.. 137
        7.6.2. Implantação da Virtualização na SINFO-UFRN 138
    7.7. Projeto de Computação em Nuvem (IaaS).. 138
        7.7.1. Visão Geral.. 138
        7.7.2. Elasticidade 144
        7.7.3. Computação em Nuvem no TJ-SP 146
        7.7.4. Computação em Nuvem no Governo do RN 150
    7.8. Referências Bibliográficas 152

Introdução

O mundo vem passando por grandes e aceleradas transformações influenciadas pela globalização econômica, pelas redefinições geopolíticas e pelo avanço científico e tecnológico. Entre as consequências dessas transformações está o aumento acentuado da concorrência no ambiente empresarial e na forma de operar dos governos. Agilidade e facilidade para adaptação e implementação de estratégias tornam-se aspectos cada vez mais importantes. Fortalecem-se os sistemas para gerenciamento de projetos como forma de reação a essas exigências.

Os projetos passam assim a ter papel fundamental na evolução do ambiente de negócios, no aumento da produtividade e na melhoria da eficácia da gestão. O gerenciamento de projetos agora é um tema recorrente para todas as organizações, e diversas metodologias estão surgindo para aprimorar a técnica. Ele visa aumentar a competitividade empresarial otimizando o uso de recursos e facilitando a obtenção dos resultados. O gerenciamento de projetos constitui requisito essencial para a viabilização econômica de novos produtos/serviços e para a implantação de novos modelos de negócio.

O tratamento profissional dado ao gerenciamento de grandes projetos na área militar realizados algumas décadas atrás evoluiu e hoje este mesmo tratamento pode ser utilizado em projetos de qualquer natureza. Com o advento da internet, o gerenciamento de projetos passou também a ser exercido à distância e aumentou sua abrangência apoiada por formas inovadoras de comunicação e computação distribuída em tempo real. A globalização dos negócios e a flexibilização dos processos empresariais, com o uso crescente da terceirização e de parcerias, também provocou novos desafios às organizações e na forma de gerenciar os projetos. Na administração pública e no terceiro setor, nos quais a busca por maior transparência e efetividade das ações sociais é uma realidade, gerenciar projetos passou a ser uma necessidade.

Uma prova da relevância do gerenciamento de projetos é a importância dada a diversas certificações que credenciam profissionais a exercer a profissão de gerente de projetos. A certificação PMP (*Project Management Professional*), criada pelo PMI (*Project Management Institute*) na década de 90, por exemplo, já é uma certificação aceita mundialmente. No Brasil, órgãos públicos já exigem essa certificação para profissionais de gerenciamento de projetos de empresas que prestam serviços para o governo.

Mais recentemente o surgimento de ferramentas visuais, também conhecidas como esquemas, para apoio ao planejamento, à execução e ao controle de projetos possibilitou a simplificação do gerenciamento de projetos em instituições que não possuem estrutura nem pessoal para o uso de técnicas sofisticadas de gerenciamento e *frameworks* de melhores práticas. Ferramentas visuais permitem um melhor entendimento das grandes partes envolvidas no gerenciamento de projetos e uma interação dinâmica entre os participantes quando das reuniões de acompanhamento de projeto, por exemplo.

Ferramentas visuais permitem também melhorar mais rapidamente a maturidade em gerenciamento de projetos de uma organização. O fato de ser uma ferramenta mais simples ajuda no sentido de incentivar o uso dos conceitos e a discussão dos temas por integrantes de times de projetos. Podem ser também utilizadas para facilitar as escolhas de projetos de uma carteira e mesmo ser um instrumento a ser divulgado e utilizado pelo escritório de projetos.

Este livro é voltado à formação de pessoal na área de gerenciamento de projetos utilizando uma ferramenta visual específica: o *Project Model Canvas* (PMC). O PMC desenvolvido pelo professor José Finocchio Junior é baseado no *Business Model Generation* (BMG), mas utiliza uma orientação específica para projetos, uma verdadeira metodologia, podendo esta ser utilizada desde a concepção até o acompanhamento de projetos.

A **Tabela 0-1** mostra a estrutura do livro. São três partes que se completam. A leitura pode ser feita desde o início, por partes ou mesmo por capítulos. Por exemplo: se o leitor está só interessado em saber sobre casos de uso do PMC em Tecnologia da Informação, pode ir direto para o Capítulo 7. Se pretende saber como inserir o PMC no contexto de maturidade de projetos, pode ir direto para o Capítulo 6. Se pretende entender como se encaixa o PMC na evolução do gerenciamento de projetos, pode ler a Parte I.

Tabela 0-1. Estrutura do livro

Parte I	**Introdução ao PMC**
Capítulo 1	Negócios
Capítulo 2	Gerenciamento de Projetos
Capítulo 3	*Project Model Canvas*
Parte II	**Utilização do PMC**
Capítulo 4	Gerenciamento de Portfólio de Projetos
Capítulo 5	Escritório de Gerenciamento de Projetos
Capítulo 6	Maturidade em Gerenciamento de Projetos
Parte III	**Casos de Uso do PMC**
Capítulo 7	Projetos de Tecnologia da Informação

A **Figura 0-1** ilustra o sequenciamento do livro através de um desenho que reflete sua arquitetura.

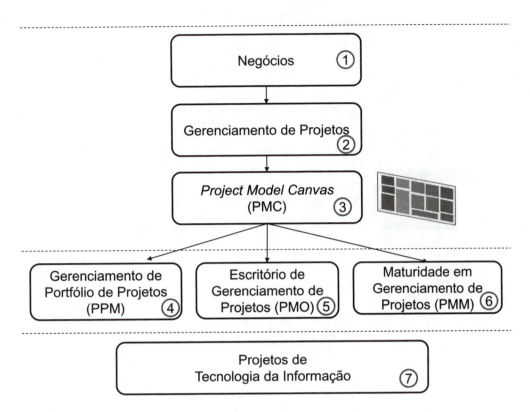

Figura 0-1. Arquitetura do livro

PARTE I. INTRODUÇÃO AO PMC

1. Negócios

Este capítulo expõe conceitos importantes incluindo os de negócios, desempenho, estratégia e projetos e os relaciona de forma a preparar o leitor para o entendimento dos outros capítulos.

1.1. Negócios, Desempenho, Estratégia e Projetos

Negócio, numa definição clássica, é toda e qualquer atividade econômica com o objetivo de gerar lucro. Entende-se por lucro a diferença entre a receita total da empresa e todos os custos envolvidos.

Negócio,[2] do ponto de vista prático, é um comércio ou uma empresa que pessoas administram para captar recursos financeiros para gerar bens e serviços, e por consequência gerar lucro. Ele proporciona a circulação de capital de giro entre os diversos setores da economia.

Atualmente o termo negócio é utilizado de forma mais abrangente e atinge organizações do setor público e sem fins lucrativos que não possuem como objetivo gerar lucro. Organizações assim estão focadas, por exemplo, em melhorar a eficiência operacional ou entregar serviços de valor para os cidadãos.

Um negócio pode ser visto também como um sistema constituído por partes ou funções. Não é fácil visualizar o negócio e suas conexões em modelos fortemente amparados e integrados por redes globais. Redes globais permitem que sistemas e suas partes funcionem. Elas se encarregam de "colar" os diversos negócios em um ambiente global, mas é necessário entender do que trata cada negócio para fins de aumento de valor agregado de cada uma das partes e da rede de forma geral. Surgiu então a ideia de utilizar o modelo de negócios, uma espécie de representação do negócio que permite visualizar a descrição das partes que o compõem, de forma que ele possa ser compreendido por todos.

Para que um negócio tenha uma vantagem competitiva em relação aos outros é necessário que ele alcance um desempenho superior. Para tanto acredita-se que a organização precisa de uma estratégia adequada fundamentada em objetivos coerentes e compreensão do negócio.

---

[2] Fonte: Wikipédia.

Vincular negócios a projetos é um aspecto essencial para entender a importância do gerenciamento de projetos. Negócios bem-sucedidos, de melhor desempenho, quase sempre dependem de boas estratégias e de bons projetos. Bons projetos necessitam de bom gerenciamento.

Desempenho pode ser compreendido como um esforço empreendido na direção de resultados a serem alcançados. O desempenho de uma empresa em determinado mercado é fortemente influenciado pela capacidade de criar e sustentar uma vantagem competitiva, oriunda da sua estratégia. A relação entre desempenho e estratégia às vezes parece confusa. Uma forma de entender essa relação é saber que o desempenho é determinado pelas capacitações que a empresa reúne, e a estratégia visa modificar essas capacitações de modo a adequá-las às metas de desempenho da empresa, mas são por elas limitadas em um processo de interação dinâmica, conforme citam Coutinho e Ferraz (2004).

Gerenciamento do desempenho acaba por ser o processo de gerenciar a execução da estratégia de uma organização. O termo Gestão do Desempenho Empresarial (*Corporate Performance Management* – CPM) foi introduzido pelo Gartner em 2001 e hoje é utilizado por empresas da área de TI para fornecer sistemas focados no gerenciamento do desempenho empresarial.

CPM é uma solução complementar aos tradicionais sistemas de gestão, onde regras de negócio complexas, ligadas à administração do negócio, estratégia e governança, são utilizadas a fim de se mensurar o desempenho do negócio. Os sistemas do tipo CPM são normalmente integrados aos sistemas de BI (*Business Intelligence*) e aos sistemas ERP (*Enterprise Resource Planning*). Como consequência de uma plataforma de CPM integrada com esses sistemas, por exemplo, é possível tomar decisões de longo prazo baseadas em simulações de cenários, aplicação de premissas e identificação das variáveis do negócio. Sobre essas variáveis é possível entender a reação do negócio a as instabilidades do contexto socioeconômico, objetivando garantir a eficácia da estratégia.

Michael Porter[3] reforça que estratégia é a opção por executar atividades de forma diferente dos concorrentes, a fim de oferecer uma proposição de valor exclusiva. A posição estratégica sustentável, na visão de Porter, deriva de um sistema de atividades de valor, uma cadeia de valor, onde cada uma das atividades reforça as demais. Ele menciona três componentes que definem a estratégia: criação de posição única e valiosa; fazer opções excludentes para competir e criar sinergia entre atividades da organização.

Decorre de Porter que estratégia é basicamente fazer escolhas, e os projetos decorrentes do planejamento estratégico, processo responsável por definir estratégias organizacionais, devem ser executados de acordo com os critérios estabelecidos pela organização.

Relacionar estratégia empresarial e projetos é um fator de extrema importância no cenário organizacional contemporâneo. Os projetos são meios que permitem atingir as metas traçadas no planejamento estratégico da organização e devem estar vinculados à execução das ações definidas pelos objetivos estratégicos. Projetos são também os meios de organizar atividades temporárias que não são fáceis de serem executadas dentro dos limites operacionais impostos pela organização. O gerenciamento de portfólio de projetos (ou gerenciamento da carteira de projetos), a ser visto no Capítulo 4, ajuda na priorização de projetos.

---

[3] **Vantagem Competitiva:** criando e sustentando um desempenho superior. 29 ed. Rio de Janeiro: Campus, 1989.

O gerenciamento da estratégia é parte importante do processo estratégico. Ele trata do gerenciamento dos recursos, dos processos e da estrutura da organização de forma sistemática e continuada, a fim de estabelecer uma vantagem competitiva de longo prazo, neutralizando as ameaças e maximizando as oportunidades.

Nesse ponto é importante buscar a definição do que seja um projeto. Um projeto é um esforço temporário empreendido para criar um produto, serviço ou resultado único (GUIA PMBOK).

Suas principais características são:

- **Ser temporário** – Possui início e fim definidos.
- **Entregar produtos, serviços ou resultados exclusivos** – Criam entregas exclusivas, incluindo os resultados.
- **Ser elaborado progressivamente** – Desenvolvido em etapas, que são baseadas em um escopo.

Todo projeto pressupõe a existência de um ciclo de vida com começo, meio e fim. Vale ressaltar que alguns aspectos devem estar incluídos em todo projeto:

- A identificação dos requisitos, ou seja, das necessidades do projeto.
- O estabelecimento de objetivos claros e alcançáveis.
- O balanceamento das demandas conflitantes de qualidade, tempo, escopo e custo.
- A adaptação das especificações, dos planos e da abordagem às diferentes preocupações e expectativas das partes interessadas.

O gerenciamento de projetos é a aplicação de conhecimentos, habilidades, ferramentas e técnicas às atividades do projeto a fim de atender aos seus requisitos. O gerenciamento de projetos é realizado através de aplicação e integração apropriadas de processos agrupados logicamente abrangendo cinco grupos: iniciação, planejamento, execução, monitoramento e controle e encerramento (GUIA PMBOK).

O objetivo de um projeto normalmente é satisfazer o cliente – para tanto, escopo, tempo, custo e qualidade devem ter um equilíbrio que visa essa satisfação. Escopo, tempo e custo são o que alguns autores denominam de restrição tripla do gerenciamento de projetos.

O gerente de projetos é o responsável pelo atingimento dos objetivos traçados. Suas habilidades variam desde habilidades gerais de gerenciamento até habilidades da área específica do projeto.

O gerenciamento de projetos é um instrumento que acaba ajudando a traduzir e implementar a estratégia empresarial. Os projetos (atividades não recorrentes), junto com os processos organizacionais (atividades recorrentes), respondem às demandas da organização. A grande questão hoje é alinhar os projetos e os processos com os objetivos da organização, o que se convencionou chamar de governança. Cada projeto ou processo individualmente deve contribuir para o alcance dos objetivos estratégicos. O sucesso em projetos e o alcance dos objetivos individuais permitem obter sucesso com a estratégia e por consequência a melhoria do desempenho da organização.

A **Figura 1-1** ajuda a relacionar a estratégia e o gerenciamento de projetos de forma simples em uma organização. Visão e missão balizam a estratégia. A estratégia, por sua vez, orienta as atividades de planejamento dos processos e dos projetos que originam atividades de gestão. Já as atividades ligadas à gestão demandam diversos recursos que precisam ser alocados de acordo com a prioridade definida pela estratégia adotada.

Figura 1-1. Estratégia e gerenciamento de projetos

1.2. *Business Model Generation* (BMG)

O quadro (*canvas*) é uma nova maneira de pensar o modelo de negócios e é a essência do *Business Model Generation* (BMG) ou *Business Model Canvas* (BMC). O BMG é uma nova forma de gerar o modelo de negócios. O conceito foi desenvolvido por Alexander Osterwalder e Yves Pigneur (consulte http://www.businessmodelgeneration.com) e é utilizado para a criação de novos negócios.

O BMG é um mapa dos principais itens que constituem uma empresa, uma espécie de resumo dos pontos-chave de um plano de negócio, sendo uma ferramenta menos formal do que a descrição convencional de um modelo de negócios ou mesmo de um plano de negócios e que pode ser utilizada no dia a dia.

O modelo de negócios descreve a lógica de criação do valor por parte da organização. Ele permite visualizar as principais funções de um negócio em blocos relacionados que representam o negócio. A principal função do quadro disponibilizado pelo BMG é explorar a captura e a entrega de valor do modelo de negócios e sintetizar as funções de uma empresa em um único ponto. O BMG, na sua essência, é uma ferramenta para criação e representação do modelo de negócios.

O principal objetivo do quadro do BMG é permitir criar um modelo de negócio na forma de hipóteses a serem validadas. O empreendedor é convidado a validar essas hipóteses junto aos clientes. A cartilha SEBRAE sobre "O quadro de modelo de negócios" reforça que só depois de ter as incertezas reduzidas é que se deve definir o modelo de negócios que será insumo para o planejamento e a execução do negócio.

A ideia central é que o quadro do BMG responda as seguintes perguntas:

- ❏ Vou fazer o quê?
- ❏ Para quem vou fazer?
- ❏ Como vou fazer?
- ❏ Quanto vou ganhar? Quanto vou gastar?

A **Figura 1-2** ilustra o sequenciamento das perguntas a serem realizadas para a composição do quadro.

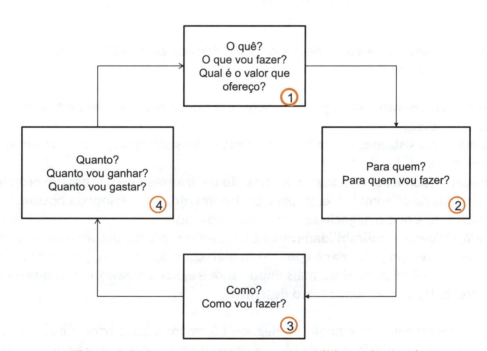

Figura 1-2. Perguntas a serem respondidas pelo quadro

A **Figura 1-3** ilustra a localização das principais perguntas no quadro do BMG.

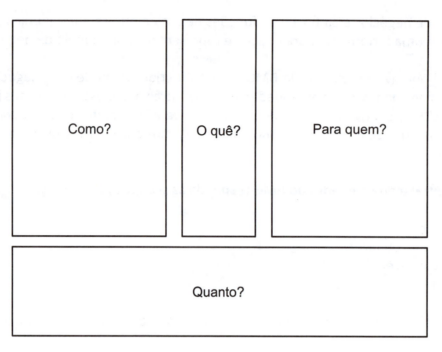

Figura 1-3. Quadro do BMG (1)

A cartilha "O quadro do modelo de negócios" publicada pelo SEBRAE, citada anteriormente, reforça que o quadro permite:

- ❑ **Ter um pensamento visual:** permite obter um pensamento visual onde o desenho representa uma ideia.
- ❑ **Ter uma visão sistêmica:** permite obter uma visão sistêmica que compreende o todo baseado nas partes.
- ❑ **Viabilizar a cocriação:** viabiliza a participação de diversas pessoas em um projeto. Viabiliza que pessoas de diferentes hierarquias, conhecimentos e experiências possam influenciar e contribuir para que o negócio se torne mais inovador.
- ❑ **Ter simplicidade e aplicabilidade:** torna simples o processo de planejamento de projeto. Com menos tempo para criar e com muito mais clareza, o quadro permite verificar e corrigir, coloca em foco tudo que é mais importante e ajuda a descobrir elos que não poderiam ser percebidos em um longo texto descritivo.

Nove componentes de um modelo de negócios formam a base para o quadro do BMG. Ele lembra uma tela de pintura pré-formatada com os nove componentes e assim permite criar imagens de modelos de negócio novos ou já existentes.

Os nove componentes do quadro do BMG são descritos assim:

1. **Segmentos de cliente (SC):** define os diferentes grupos de pessoas ou organizações que uma empresa busca alcançar e servir.
2. **Proposta de valor (PV):** descreve o pacote de produtos e serviços que criam valor para um segmento de clientes específico.

3. **Canais (CN):** descreve como uma empresa se comunica e alcança seus segmentos de clientes para entregar uma proposta de valor.
4. **Relacionamento com clientes (RC):** descreve os tipos de relação que uma empresa estabelece com segmentos de clientes.
5. **Fontes de receita (R$):** representa o dinheiro que uma empresa gera a partir de cada segmento de clientes.
6. **Recursos principais (RP):** descreve os recursos mais importantes exigidos para fazer um modelo de negócios funcionar.
7. **Atividades-chave (AC):** descreve as ações mais importantes que uma empresa deve realizar para fazer seu modelo de negócios funcionar.
8. **Parcerias principais (PP):** descreve a rede de fornecedores e os parceiros que põem o modelo de negócios para funcionar.
9. **Estrutura de custos (C$):** descreve todos os custos envolvidos na operação de um modelo de negócios.

O quadro utiliza uma linguagem comum para descrever, visualizar, avaliar e alterar o modelo de negócios. Os nove componentes descritos são ilustrados na **Figura 1-4**.

Figura 1-4. Quadro do BMG (2)

O lado direito da ferramenta está diretamente relacionado ao cliente, especialmente em como a oferta de valor chega até ele.

O lado esquerdo estabelece, principalmente, as questões estruturais do negócio, determinando o que será feito no novo negócio, que recursos serão necessários (sejam eles materiais ou humanos) e quem ou quais serão as parcerias-chave para alavancar o negócio.

Na parte inferior tem-se a perspectiva financeira, elencando as fontes de receita e as fontes de despesa (estrutura de custos), que viabilizam ou não a concretização do novo negócio.

O preenchimento do quadro do BMG pode ser iniciado por qualquer bloco, mas os autores da ferramenta sugerem uma sequência de preenchimento (vai de 1 a 9), conforme ilustra a **Figura 1-5**.

Figura 1-5. Sequência de preenchimento do BMG

A cartilha do SEBRAE (2013) reforça que plano de negócios e modelo de negócios são conceitos distintos. Desenhar o modelo de negócios precede a elaboração do plano de negócios. O modelo de negócios é uma representação do negócio. O plano de negócios descreve a forma como o negócio será construído, com etapas, prazos, custos, receitas etc. Certos negócios podem até abrir mão do plano formal de negócios e optar só pelo modelo de negócios desenvolvido com o BMG.

1.3. *Balanced Scorecard* (BSC)

Planejamento e gestão sempre foram aspectos tratados de forma separada na literatura sobre estratégia. O planejamento estratégico por muito tempo foi o tema dominante. Mais recentemente, a preocupação com a gestão da estratégia aumentou e diversas formas foram propostas no sentido de torná-la possível. Uma dessas foi a adoção do *Balanced Scorecard* (BSC) como uma abordagem para a gestão estratégica.

O BSC foi desenvolvido por Robert Kaplan e David Norton em meados de 1990 nos Estados Unidos. Reconhecendo algumas fraquezas e incertezas da abordagem comum de gestão da época, focada em planejamento e na obtenção de resultados financeiros, mas muito longe do controle da execução e de outras perspectivas além da financeira, a abordagem do BSC corrige essa distorção e propõe uma nova forma de "medir" a organização.

O BSC tem como premissa que a estratégia de uma organização é uma hipótese. Ele revela o movimento de uma organização que está em uma posição atual e pretende estar em uma posição futura desejável, mas incerta. Os autores do BSC reforçam que, como a organização nunca esteve nessa posição futura, a trajetória almejada envolve uma série de hipóteses interligadas. O BSC permite a descrição das hipóteses como um conjunto de relações de causa e efeito explícitas e sujeitas a testes.

A utilização do BSC como ferramenta de gestão não foi feita de imediato. Com o passar dos anos o BSC evoluiu de uma ferramenta de mensuração mais completa do que a simples mensuração financeira (escopo estreito) para um modelo de gestão estratégica integrada (escopo amplo), conforme cita Herrero Filho (2010). A **Figura 1-6** ilustra a tal evolução.

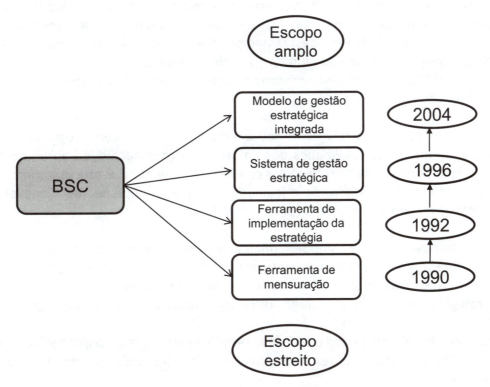

Figura 1-6. Evolução do BSC

O BSC alterou o foco do planejamento estratégico para a execução da estratégia. O primeiro livro sobre BSC de Kaplan e Norton foi lançado em 1996 com o título "The Balanced Scorecard" e foi publicado pela *Harvard Business School Press*.[4]

Considerando o ambiente empresarial atual cada vez mais dinâmico, a ferramenta BSC encaixou e continua encaixando como uma luva e ajudou a aproximar a estratégia dos níveis operacionais da organização. A *Harvard Business Review* elegeu o BSC com uma das mais importantes práticas de gerenciamento criadas nos últimos 75 anos.

Como já dito, o BSC pode ser considerado um sistema de gestão – não apenas um sistema de medidas – que habilita as organizações a tornar claras a sua visão e missão e traduzi-las em ações. O mode-

---

[4] No Brasil foi traduzido e publicado em 1997 pela editora Campus com o título "A Estratégia em Ação: Balanced Scorecard".

lo tradicional de controle da estratégia baseado só em medidas financeiras foi melhorado no BSC, pois o modelo financeiro até então utilizado só relatava acontecimentos passados numa abordagem típica da era industrial, que é inadequado para orientar e avaliar a trajetória das empresas na era da informação.

O BSC complementa medidas do passado com as medidas dos vetores que derivam da visão e da missão da empresa e que impulsionam o desempenho futuro. Ele reflete os vários tipos de equilíbrio envolvidos: entre objetivos de curto e de longo prazo, entre indicadores financeiros e não financeiros, entre indicadores de resultados ocorridos e de tendências de desempenho futuro, entre uma visão interna de desempenho e outra externa que envolve clientes e acionistas.

O BSC é formado por quatro perspectivas: perspectiva financeira, perspectiva do cliente, perspectiva dos processos internos e perspectiva do aprendizado e crescimento. Ele sugere que a empresa seja vista a partir dessas perspectivas e desenvolva indicadores, colete dados e os analise sob o foco de cada perspectiva. Cada uma dessas perspectivas é interligada por uma cadeia de relação de causa e efeito, conforme já mencionado. O BSC reforça a utilização de indicadores como instrumentos de gestão. Eles devem ser desenvolvidos nas quatro perspectivas mencionadas e de acordo com metas e objetivos estratégicos.

Kaplan e Norton reforçam a relação de causa e efeito no BSC: em um programa de treinamento, por exemplo, aprimorar as habilidades dos empregados (perspectiva de aprendizado e crescimento) contribui para a melhoria de serviço aos clientes (perspectiva dos processos internos), o que, por sua vez, resulta em maior satisfação e lealdade dos clientes (perspectiva dos clientes), o que permite aumentar a receita e as margens (perspectiva financeira).

As diversas perspectivas que compõem um BSC devem compor uma série articulada de objetivos e medidas coerentes que se reforcem mutuamente, tendo em vista que o objetivo de qualquer sistema de mensuração deveria ser motivar todos os executivos e funcionários a implementar com sucesso a estratégia da sua unidade de negócios ou mesmo a estratégia corporativa.

Herrero Filho (2010) reforça que o BSC deve refletir a estratégia da organização, conforme ilustra a **Figura 1-7**. Missão, visão e valores orientam as escolhas (estratégias) que, por sua vez, devem ser refletidas no BSC.

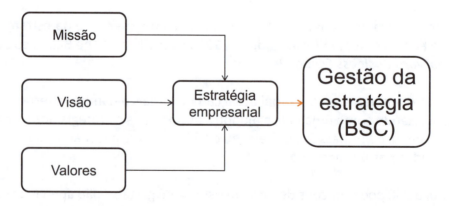

Figura 1-7. Missão, visão e valores, estratégia e BSC

Para que se tenha eficácia, a estratégia deve ser compreendida do nível hierárquico mais elevado ao mais baixo e, também, como as suas ações individuais sustentam o quadro geral. O BSC permite esse alinhamento de cima para baixo, através de três mecanismos distintos:

- ❏ Comunicação e educação.
- ❏ Estabelecimento de metas.
- ❏ Vinculação dos sistemas de compensação.

Segundo os autores do BSC, quando todos compreendem as metas de longo prazo da unidade de negócios, bem como a estratégia para alcançá-las, os esforços e iniciativas da empresa se alinham aos processos necessários de transformação. Cada indivíduo entende como a sua atuação específica contribui para a realização dos objetivos da unidade de negócios. O BSC traduz a estratégia e, junto com a sua formulação, execução e liderança, permite a realização da gestão estratégica.

A **Figura 1-8** ilustra o BSC e reforça a ideia de que cada perspectiva deve ser pensada em termos de objetivos, metas, indicadores e iniciativas. Objetivos são oriundos da estratégia. Metas são de curto prazo, geralmente de responsabilidade de equipes ou indivíduos. Elas são desdobramentos dos objetivos. Indicadores permitem acompanhar a execução da estratégia. Iniciativas são as ações a serem implementadas com vistas a mudar a situação futura da organização.

As iniciativas propostas pelo BSC podem ser encaradas como projetos e, portanto, precisam ser gerenciadas. Atualmente é muito comum que a implantação do BSC nas empresas seja realizada utilizando metodologias de gerenciamento de projetos.

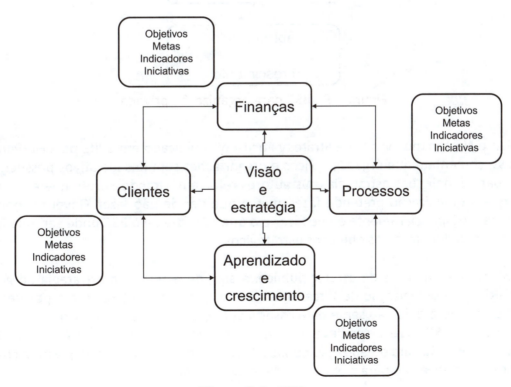

Figura 1-8. BSC

Mesmo com todo o sucesso do BSC, dificuldades com a sua utilização são apontadas por alguns autores e resumidas a seguir:

- Alguns usuários confundem os fins com os meios. O BSC é um meio de promover a estratégia.
- As relações de causa e efeito no BSC são unidirecionais e muito simplistas.
- O BSC não separa causa e efeito no tempo.
- Ausência de mecanismos para validação contempladas no próprio BSC.
- O vínculo entre estratégia e a operação no BSC é insuficiente.
- O BSC é muito focado nos aspectos internos da organização. Ausência de base histórica para a análise de indicadores pode levar a conclusões imprecisas com o BSC.

BSCs podem ter caráter privado e público. O BSC privado é mais comum e pode ser representado pela **Figura 1-9**. As organizações, quando da construção do BSC, possuem maior dificuldade com a definição de objetivos, metas e indicadores para a perspectiva de aprendizado e crescimento.

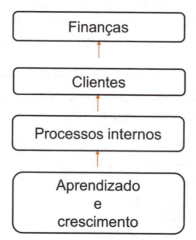

Figura 1-9. BSC para organização privada

Kaplan e Norton, no livro "The Strategy Focused", publicado em 2001 pela *Harvard Business School Press*, comentam que órgãos públicos e organizações sem fins lucrativos possuem sérias dificuldades para definir suas estratégias. Os autores reforçam, citando Porter, que estratégia não é apenas o que a organização pretende fazer, mas o que decide não fazer. Governos normalmente não conseguem definir claramente o que fazer e o que não fazer, e o BSC pode ser uma ferramenta importante para a definição dos objetivos estratégicos.

O BSC para instituições de caráter público, assim, deve refletir a estratégia do governo em questão ou de uma organização de terceiro setor. A arquitetura do BSC com a perspectiva financeira no topo da hierarquia não serve para essas instituições de caráter público. Numa perspectiva governamental de BSC os recursos devem alicerçar as outras perspectivas. A **Figura 1-10** ilustra as perspectivas de um BSC para organização pública. Neste caso, o foco da estratégia muda para o atendimento dos cidadãos e não para a obtenção de resultados financeiros.

Figura 1-10. BSC para organização pública

O BSC trata do aspecto estratégico da organização, mas de alguma forma deve estar integrado ao planejamento tático e de operação, incluindo a definição do orçamento. A integração do BSC com os processos de planejamento tático e orçamento é crítica para uma organização. Este é um aspecto importante muitas vezes negligenciado. É necessário integrar a estratégia com o orçamento para pôr os planos em ação.

Kaplan e Norton salientam que diversas empresas possuem sistemas de avaliação de desempenho e de orçamento executados separadamente do processo de planejamento estratégico. Os autores reforçam que o novo sistema (BSC) para a gestão estratégica deve ser conectado ao antigo sistema (orçamento) para a gestão de táticas.

Os autores do BSC sugerem utilizar as seguintes práticas para conectar a estratégia ao orçamento:

1. Traduzir a estratégia em BSC, especificando objetivos e indicadores estratégicos.
2. Traduzir metas para cada indicador, referentes a tempos futuros específicos. Identificar lacunas de planejamento para mostrar e estimular a criatividade.
3. Identificar iniciativas estratégicas e necessidades de recursos para fechar as lacunas do planejamento, possibilitando a realização das metas distendidas.
4. Aprovar recursos financeiros e humanos para as iniciativas estratégicas. Integrar as necessidades de recursos no orçamento anual que abrange orçamento estratégico para programas discricionários e orçamento operacional pra gerenciar a eficiência dos departamentos, funções e itens de linha.

Essas quatro etapas permitem integrar o orçamento com o planejamento estratégico. As etapas 2 e 3 constituem a base do plano tático. O plano permite que a organização gerencie os temas estratégicos de longo prazo e fornece o referencial que possibilita o desenvolvimento e a incorporação de previsões rotativas no orçamento anual.

A **Figura 1-11** ilustra a relação entre estratégia, planos táticos e orçamento.

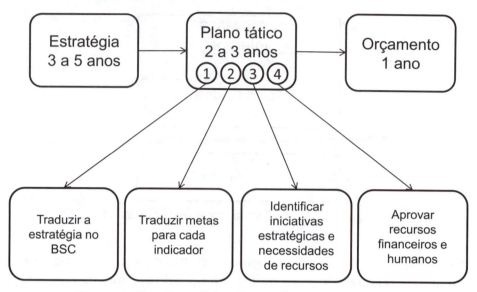

Figura 1-11. Estratégia, Plano Tático e Orçamento

1.3.1. Mapas Estratégicos

O mapa estratégico do BSC, conceito que foi tema central do livro "Strategy Maps" lançado em 2004 por Kaplan e Norton, fornece uma maneira uniforme e consistente de descrever a estratégia. Ele representa como a organização cria valor, mostrando graficamente as relações de causa e efeito entre os componentes das quatro perspectivas do BSC. Essa forma facilita descrever o BSC e o gerenciamento dos indicadores. O foco do livro citado é a criação de valor pelos ativos intangíveis. Segundo os autores, se os ativos intangíveis representam mais de 75% do valor de uma organização, a formulação e a execução da estratégia devem tratar explicitamente da mobilização e do alinhamento dos ativos intangíveis com os ativos tangíveis.

O mapa estratégico considera o valor gerado por meio dos ativos intangíveis e relaciona os ativos intangíveis aos processos que criam valor, a parte tangível do BSC. Os componentes dos ativos intangíveis essenciais para a implementação da estratégia são:

- Capital humano.
- Capital da informação.
- Capital organizacional.

Kaplan e Norton alertam que os ativos intangíveis devem se basear nas capacidades criadas por outros ativos intangíveis e tangíveis. Eles observaram centenas de mapas estratégicos e identificaram que seis capacidades aparecem de forma recorrente. São elas:

- **Competências estratégicas (capital humano):** disponibilidade de habilidades, talentos e conhecimento para executar as atividades requeridas pela estratégia.

❏ **Informações estratégicas (capital da informação):** disponibilidade de sistemas de informação, de infraestrutura e de aplicativos de gestão do conhecimento necessários para suportar a estratégia.
❏ **Cultura (capital organizacional):** conscientização e internalização da missão, da visão e dos valores comuns, necessários para executar a estratégia.
❏ **Liderança (capital organizacional):** disponibilidade de líderes qualificados em todos os níveis hierárquicos, para impulsionar a organização na execução da estratégia.
❏ **Alinhamento (capital organizacional):** alinhamento de metas e incentivos com a estratégia em todos os níveis hierárquicos.
❏ **Trabalho em equipe (capital organizacional):** compartilhamento dos conhecimentos e recursos das pessoas com potencial estratégico.

A **Figura 1-12** ilustra um típico mapa estratégico. No mapa estratégico as relações de causa e efeito são explicitadas e os ativos intangíveis são linkados aos outros ativos.

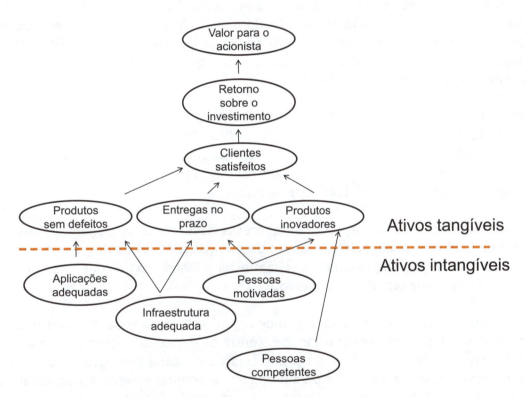

Figura 1-12. Mapa estratégico do BSC

Kaplan e Norton sugerem três técnicas de alinhamento para construir uma ponte entre os ativos tangíveis e os ativos intangíveis:

❏ **Funções estratégicas:** para cada processo estratégico, uma ou duas funções estratégicas exercerão maior impacto sobre a estratégia. Ao identificar essas funções, os autores do BSC sugerem definir competências e promover o desenvolvimento para acelerar a realização dos resultados estratégicos.

❑ **Portfólio estratégico de TI:** sistemas e infraestrutura específicos de TI suportam a implementação de cada processo estratégico. Esses sistemas representam um portfólio de investimentos em TI que deve receber prioridade na alocação de financiamentos e de outros recursos.
❑ **Agenda da mudança organizacional:** a estratégia exige mudança nos valores culturais. A agenda deve nortear o desenvolvimento da nova cultura e do novo clima organizacional.

Os autores desenvolveram o conceito de prontidão estratégica como meio de descrever o grau de preparação dos ativos intangíveis para suportar a estratégia da organização. Prontidão estratégica é um conceito semelhante ao de liquidez – quanto maior a prontidão mais rápida é a contribuição para geração de caixa. A questão central é saber o quanto os ativos intangíveis estão prontos para suportar a estratégia.

1.3.2. *Balanced Scorecard* Corporativo (BSC Corporativo)

Tão importante quanto definir a estratégia da organização é perceber se todos os setores da organização estão seguindo o que foi planejado. Com muita frequência, as diferentes unidades de negócio de uma organização precisam de coordenação, pois atuam com propósitos desconexos e buscam objetivos conflitantes. Os BSCs das unidades de negócio devem estar alinhados com o BSC corporativo nessas organizações, se é que ele existe.

Kaplan e Norton, no livro "Alignment", lançado nos EUA em 2006, salientam que muitas organizações hoje são formadas por unidades de negócios distintas, e que é necessário pensar para essas organizações um BSC corporativo. A utilização do BSC tradicionalmente está mais ligada às unidades de negócio. O BSC corporativo serve para que a organização possa ter ganhos com as sinergias nas quatro perspectivas dos BSCs das unidades de negócios.

Os autores reforçam que atualmente as empresas fazem parte de grandes grupos compostos por portfólio de unidades de negócio e unidades de serviços compartilhados, e que essas unidades que fazem parte de grupos empresariais precisam estar alinhadas para criar sinergia. Neste caso, recomenda-se a criação de um BSC corporativo.

Unidades de negócio dentro de uma grande organização devem desenvolver mapas estratégicos e construir o BSC para promover o consenso entre os grupos de executivos, para comunicar a estratégia aos empregados de modo que possam colaborar na sua execução, para alocar recursos com base nas prioridades estratégicas e para monitorar e orientar a execução da estratégia. O BSC corporativo, por outro lado, não deve considerar diretamente clientes e processos internos, mas, sim, orientar a busca de sinergias entre as unidades de negócios na busca da obtenção de benefícios para os clientes e redução dos custos operacionais. Os objetivos do BSC corporativo, segundo os autores citados, devem responder as seguintes perguntas:

❑ Como aumentar o valor para o acionista do portfólio de unidades de negócios estratégicas?
❑ Como compartilhar a interface com os clientes para aumentar o valor total?
❑ Como gerenciar os processos das unidades de negócio para obter economias de escala e promover a integração da cadeia de valor?
❑ Como desenvolver e compartilhar ativos intangíveis?

A **Figura 1-13** ilustra o BSC corporativo de um grupo com suas quatro linhas de negócio (A, B, C e D). O que se busca neste caso com o BSC corporativo (Fc, Cc, Pc e Ac) é a sinergia em cada perspectiva.

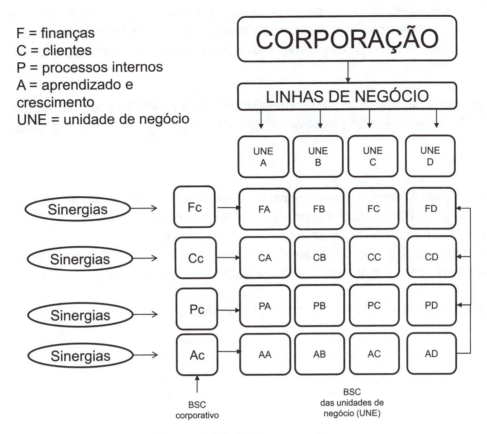

Figura 1-13. BSC corporativo

BSC corporativo e BSCs das unidades de negócio possuem objetivos estratégicos diferentes, mas devem ser construídos buscando alinhar a estratégia corporativa com as estratégias das unidades de negócio.

1.4. BSC e BMG

Balanced Scorecard (BSC) e *Business Model Generation* (BMG) são ferramentas de administração lançadas em momentos diferentes, mas que podem ser utilizadas em conjunto. Muitos confundem o papel das duas ferramentas.

O BSC trata de ajudar na execução da estratégia. Reforça que é necessário pensar a estratégia em termos de objetivos estratégicos.

O BSC pode ser considerado um sistema de gestão que habilita as organizações a tornarem claras a sua visão e a sua missão e a traduzi-las em ações. O modelo tradicional de controle da estratégia baseado só em medidas financeiras foi melhorado no BSC, que agora olha outras três perspectivas.

O BMG, por outro lado, tem o papel de ajudar a pensar o negócio, sua reformulação ou mesmo pensar um novo negócio.

A principal função do BMG é explorar a captura e a entrega de valor do modelo de negócios e sintetizar as funções de uma empresa em um único quadro. Ele permite visualizar as principais funções de um negócio em blocos relacionados que representam o modelo de negócios. Ele deve vir antes do BSC no tempo.

As duas ferramentas utilizadas em conjunto se completam. O BMG pode ser utilizado para pensar o negócio e, portanto, para a definição da estratégia, e o BSC, para transformar a estratégia em ação.

Em resumo:

- O BMG ajuda a formular novas estratégias de negócios ou mesmo novos negócios.
- O BSC ajuda a transformar a estratégia em termos operacionais.
- BMG e BSC podem ser utilizados em conjunto ou de forma isolada.
- BMG e BSC precisam ser utilizados dentro de um contexto de negócio. A utilização das duas ferramentas em uma organização precisa de apoio da alta administração.

A **Figura 1-14** ilustra a ideia da utilização em conjunto.

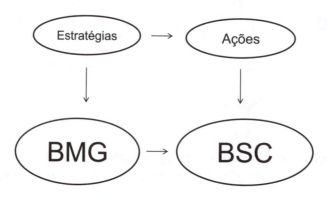

Figura 1-14. BMG e BSC

1.5. Questões de Revisão

Como vincular negócios, desempenho, estratégia e projetos?

Quais são os componentes do BMG?

Quais são as perspectivas do BSC?

O que são os mapas estratégicos relacionados ao BSC?

Como utilizar BSC e BMG juntos?

1.6. Referências Bibliográficas

COUTINHO, Luciano; FERRAZ, João Carlos (coord.). **Estudo da Competitividade da Indústria Brasileira.** Campinas: Papirus, 2004.

FINOCCHIO JUNIOR, José. Project Model Canvas: Planejamento em uma folha. **Revista Mundo Project Management**, fev./mar. 2013.

HERRERO FILHO, Emílio. **Balanced Scorecard e a Gestão Estratégica.** Rio de Janeiro: Campus, 2010.

KAPLAN, Robert S.; NORTON, David P. **Alingment.** Boston: Harvard Business School Press, 2006.

KAPLAN, Robert S.; NORTON, David P. **Strategy Maps.** Boston: Harvard Business School Press, 2004.

KAPLAN, Robert S.; NORTON, David P. **The Strategy Focused Organization.** Boston: Harvard Business School Press, 2001.

SEBRAE. **Quadro de modelo de negócios**. Cartilha, 2013.

2. Gerenciamento de Projetos

Este capítulo apresenta uma visão geral sobre o gerenciamento de projetos, passando pela sua evolução, pelo avanço na utilização de melhores práticas e pelo surgimento do *Project Model Canvas* (PMC).

2.1. Evolução do Gerenciamento de Projetos

O gerenciamento de projetos está em evidência principalmente porque é cada vez mais comum nas organizações existirem projetos a serem coordenados e executados oriundos de ações definidas no planejamento estratégico. As iniciativas decorrentes de novas estratégias podem assim ser traduzidas em projeto e gerenciadas como tal, com prazo, escopo, produtos e qualidade definidos. Além disso, ciclos de produto e serviços cada vez menores determinam que organizações tradicionalmente focadas em atividades recorrentes passem a considerar os projetos como parte importante do dia a dia. Esse aspecto já foi abordado inicialmente no Capítulo 1.

Diversas razões convergem para que o gerenciamento de projetos seja cada vez mais necessário. Fusões entre organizações, por exemplo, permitem o surgimento de diversos projetos referentes à consolidação das operações em fusão, à simplificação organizacional necessária após a fusão, a nova segmentação de serviços, a definição da nova linha de produtos, entre outros. Isso faz com que equipes de projeto sejam alocadas para atender a essas novas demandas a todo momento.

O gerenciamento de projetos é um tema atual, mas sua origem está vinculada a projetos de mais de cinquenta anos, como o projeto POLARIS. Ele se iniciou em 1955 e a primeira versão do equipamento produzido entrou em operação em 1960 a bordo do primeiro submarino nuclear de mísseis balísticos americano, o USS George Washington.

O POLARIS tratava-se de um míssil mar-terra balístico, que deveria ser lançado a partir do submarino citado. Foi construído pela *Lockheed* durante a guerra fria para a Marinha dos Estados Unidos e a Royal Navy, e o projeto foi gerenciado pelo governo americano, que utilizou a técnica PERT[5] como elemento central do gerenciamento. Mais adiante será explicado o conceito de PERT.

---
[5] PERT significa *Program Evaluation and Review Technique*.

Nessa época o gerenciamento de projetos tratava basicamente do gerenciamento de tempo, custos e qualidade, e técnicas como essas facilitaram o gerenciamento.

A **Figura 2-1** ilustra o foco do gerenciamento de projetos nesta fase.

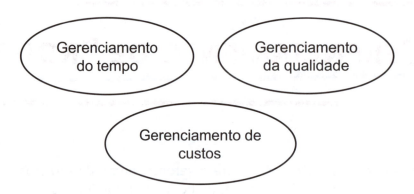

Figura 2-1. Áreas de projeto (década de 60)

Esta fase, com foco na gerência de tempo, custos e qualidade, durou de 1960 até 1985. Kerzner chamou esta fase de "gestão de projetos tradicional"; ele reforça que nesta fase os projetos eram de grande porte, associados a organizações militares e aeroespaciais e que, apesar do esforço, eles atrasavam e tinham custos muito maiores do que os esperados pelas organizações. Os resultados obtidos nessa fase fizeram com que organizações de outros setores não se interessassem pelas técnicas de gerenciamento de projetos utilizadas.

A fase que vai de 1986 a 1993 é considerada o renascimento do gerenciamento de projetos. Nesta fase empresas de diversos portes passam a se interessar pela gerência de projetos como forma de aumentar sua lucratividade.

Em 1983 surgiu o embrião do Guia PMBOK, com seis áreas de conhecimento: gerenciamento do escopo, tempo, custos, qualidade, recursos humanos e comunicação. Em 1986, uma versão revisada incluía o gerenciamento das aquisições e de riscos. Em 1987 surgiu a primeira versão oficial do Guia PMBOK. As edições seguintes, em 2000, 2004, 2008 e 2013, trouxeram novos conteúdos.

A versão de 1987 do Guia PMBOK contemplava o gerenciamento das áreas ilustradas na **Figura 2-2.** Observe que áreas de gerenciamento como recursos humanos, comunicação, compras e riscos já apareciam nesta versão.

Em 1994 inicia-se uma nova fase, denominada por Kerzner como a fase moderna de gestão de projetos. Observou-se que as causas de fracassos em projetos raramente estavam ligadas às variáveis técnicas envolvidas. Iniciava-se então uma fase onde as preocupações com os recursos humanos alocados em projetos e com o cliente passaram a ser consideradas muito relevantes. Na verdade, aspectos como satisfação do cliente e o moral da equipe passaram a ser itens importantes para a definição do sucesso do projeto.

Figura 2-2. Áreas de projeto (década de 90)

Em 2000 foi lançada a segunda edição do Guia PMBOK, com o surgimento da área de conhecimento denominada "integração". Ela veio com o objetivo de integrar as outras áreas de conhecimento em projeto, como se fosse um guarda-chuva.

A **Figura 2-3** ilustra a evolução das práticas de gerenciamento de projetos segundo Kerzner.

Figura 2-3. Evolução das práticas de gerenciamento de projetos

Em 2004 foi lançada a terceira edição do Guia PMBOK. Nela foram melhorados os aspectos de riscos e integração.

A versão de 2008 (quarta edição) mudou o nome dos processos de substantivo para verbo e incluiu o diagrama de fluxo de dados para todos os processos, além de fazer uma série de alterações e correções.

A versão de 2013 (quinta edição) ampliou o papel das partes interessadas (*stakeholders*), tratando especificamente este tema como uma área de conhecimento e também introduziu algumas mudanças e correções em outros processos.

A **Figura 2-4** ilustra a nova grade da área de conhecimento do Guia PMBOK.

Figura 2-4. Áreas de projeto (2013)

Outra forma de entender a evolução do gerenciamento de projetos foi proposta por Marly Monteiro e Roque Rabechini Jr. No texto "As duas ondas na gestão de projetos", publicado no site http://empregos.com.br, os autores destacam duas grandes ondas em gerenciamento de projetos.

A primeira onda decorrente dessa retomada proporcionou maior eficiência pela adoção de boas práticas de gerenciamento de projetos. Nesta fase proliferaram os treinamentos fundamentais, aumentaram os incentivos à utilização de softwares, a atenção às informações do projeto, a concentração no gerenciamento do escopo e o acompanhamento de prazos e custos pelo uso de cronogramas físico/financeiro. Nesses aspectos, o gerenciamento de projetos proporcionou maior eficiência às empresas, ajudando-as, com técnicas e práticas, no desenvolvimento de seus empreendimentos, ou seja, fazendo de forma correta as coisas, o que se convenciona chamar de maturidade.

Os autores reforçam que a segunda onda que agora se estabelece deve levar em conta, definitivamente, a integração das áreas de conhecimento. Enquanto na primeira onda os gerentes de projetos aprenderam a desenvolver seus empreendimentos administrando isoladamente prazos, custos e qualidade, na segunda onda será necessário, por exemplo, criar uma programação de acordo com as disponibilidades de recursos e viabilizar cronogramas de desembolso condizentes com a realidade das empresas.

A segunda onda deverá também vislumbrar o crescimento das competências e a maturidade em gerenciamento de projetos. Se na primeira onda os diagnósticos foram os destaques, na segunda a implementação de planos consistentes e coerentes deve ser a grande prioridade.

Os autores reforçam que algumas áreas de conhecimento podem e devem ser mais aprimoradas, como é o caso do gerenciamento de riscos em projetos. O uso de técnicas de simulação, por exemplo, bastante explorado pelo pessoal de riscos, ainda é pouco difundido e explorado pelos gerentes de projetos. As incertezas nos projetos são muitas e minimizá-las é uma tarefa que ainda poucos gerentes fazem.

Da mesma forma, segundo eles, o gerenciamento da carteira de projetos dará uma grande contribuição aos dirigentes das empresas. Com um exame bem detalhado das intenções que surgem continuamente nas empresas é possível traçar planos estratégicos permanentes, gerando projetos mais especiais que os dos concorrentes. O incentivo à inovação certamente irá gerar projetos mais desafiadores e, com isso, deverá proporcionar mais competitividade à empresa.

Roque e Marly concluem que muitas empresas perderam a primeira onda e estão agora correndo para alcançar suas concorrentes em eficiência. Não surfar na segunda onda, nesta lógica, significa ser menos eficaz, o que pode implicar em perda de posições de mercado.

2.2. Conceitos Importantes

2.2.1. Cliente, Patrocinador e Partes Interessadas (*Stakeholders*)

Cliente, patrocinador e partes interessadas são componentes importantes no gerenciamento de projetos. Entender o papel de cada um e saber como o gerente de projetos deve lidar com eles é crucial para o sucesso de um projeto.

O cliente é quem recebe o projeto. A especificação da qualidade do produto, serviço ou resultado entregue é fundamental para determinar o que a equipe deve produzir e o que o cliente espera que seja entregue. Ele receberá o produto, serviço ou resultado gerado pelo projeto e possui papel especial na formulação dos requisitos do projeto.

O patrocinador do projeto é o líder do processo de gestão estratégica na organização e, como tal, tem o papel de tentar garantir os recursos (humanos, físicos e financeiros) necessários para viabilização das iniciativas que se transformam em projetos.

Os *stakeholders* são pessoas e organizações ativamente envolvidas no projeto, incluindo os clientes, ou cujo interesse pode ser afetado como resultado da execução ou término do projeto. *Stakeholders* podem também exercer influência sobre os objetivos e resultados do projeto. A equipe de gerência de projetos deve identificar essas partes, determinar suas necessidades e expectativas e, na medida do possível, gerenciar sua influência em relação aos requisitos para garantir um projeto bem-sucedido.

2.2.2. Escopo e Estrutura Analítica do Projeto (EAP)

O escopo do projeto, já comentado inicialmente quando se tratou da evolução do gerenciamento de projetos, é o trabalho que precisa ser realizado para entregar um produto, serviço ou resultado com as características e funções especificadas.

O escopo do projeto pode ser visto também como as seguintes partes interdependentes: o problema a ser resolvido pelo projeto, as justificativas para o projeto, os objetivos do projeto, os resultados esperados para o projeto e a abrangência do projeto.

A Estrutura Analítica do Projeto (EAP) ou *Work Breakdown Structure* (WBS) reflete o escopo do projeto e é uma decomposição hierárquica orientada ao trabalho a ser executado pela equipe para atingir os objetivos do projeto e criar as entregas requisitadas. Cada nível descendente da EAP representa uma definição gradualmente mais detalhada do trabalho do projeto e induz um conjunto de atividades que acabam por ser o reflexo do escopo. O dicionário da EAP fornece descrições detalhadas dos componentes da EAP.

As atividades são as grandes partes que compõem os projetos. A duração de uma atividade é o tempo necessário para que a atividade seja realizada. Atividades podem ser fixas ou dependentes de recursos. Elas podem ser utilizadas para definir o cronograma macroscópico do projeto. Depois este cronograma precisa ser refinado. O refinamento começa tomando-se cada atividade e decompondo-a num conjunto de subatividades.

Para a realização de cada uma das atividades são utilizados diferentes tipos de recursos, como recursos humanos, financeiros e materiais. O Guia PMBOK sugere incluir reservas de contingência para as estimativas de duração das atividades no cronograma geral do projeto. Reservas de contingência vinculadas ao tempo são respostas às incertezas do cronograma.

Os recursos monetários necessários para executar as atividades do projeto definem a estimativa de custos do projeto. Essas estimativas podem considerar reservas de contingência para custos das incertezas. Em geral, este tipo de reserva de contingência é uma porcentagem do custo estimado.

A **Figura 2-5** ilustra a relação entre escopo, EAP e atividades.

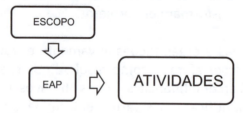

Figura 2-5. Escopo, EAP e atividades

Outros dois conceitos importantes são as de linha de base e pacote de trabalho.

A linha de base do projeto estabelece uma referência para o projeto, principalmente em termos de tempo, custos e escopo. Todo projeto deve ter uma linha de base para que possa ser controlado. Ela permite estabelecer uma comparação em termos de tempo, custo e escopo entre o planejado e o executado. Um projeto, em geral, ao longo do tempo possui várias linhas de base.

Um pacote de trabalho (*work package*) é um subconjunto de um projeto que pode ser designado para uma parte específica da execução. Ele deve englobar:

- Descrição das atividades.
- Atividades dos recursos por habilidade.
- Programação de atividades.
- Riscos das atividades.
- Orçamentação das atividades.

DICA: em projetos é importante separar os conceitos de atividades e entregas. As entregas representam um evento que marca a execução de um grupo de atividades. Elas não possuem duração. Atividade é uma parte do projeto que acontece ao longo de um determinado período, enquanto a entrega é a finalização de uma atividade – um momento específico no tempo. Atividade tem começo e fim; entrega é a finalização de uma atividade.

A **Figura 2-6** ilustra um típico pacote de trabalho composto por três atividades e uma entrega.

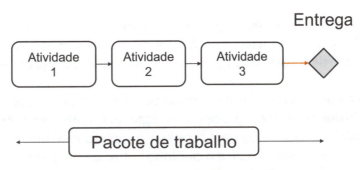

Figura 2-6. Pacote de trabalho

2.2.3. Matriz RACI

A matriz de responsabilidades, também chamada de Matriz RACI (*Responsible, Accountable, Consulted and Informed*), tem como principal função definir as responsabilidades dentro de um determinado projeto, para que fique explícito o que cada um tem que fazer.

Ela lida com quatro tipos de colaboradores:

- **R – Responsável (*Responsible*)** é quem executa a atividade ou processo em uma organização.
- **A – Atua (*Accountable*)** é quem responde pela atividade ou processo, aquele que será cobrado pelo bom andamento da atividade ou processo.

- **C – Consultado (*Consulted*)** são pessoas que precisam ser consultadas para dar dicas, propor ajustes e fornecer opiniões sobre a atividade ou processo; em geral, são todos que de alguma forma possam ajudar a melhorar o projeto.
- **I – Informado (*Informed*)** são pessoas que precisam ser informadas sobre alguma coisa feita dentro de uma atividade do projeto.

A matriz RACI ilustrada na **Figura 2-7** é utilizada de forma ampla em praticamente todo tipo de projeto. O analista 1, por exemplo, é responsável pelas atividades 1 e 4. A diretoria é informada das atividades 1 e 2.

	Analista	Consultor	Gerente	Diretor
Atividade 1	R	C	A	I
Atividade 2		A	R	I
Atividade 3		I	R	
Atividade 4	R	I	A	A
Atividade 5	C		I	

Figura 2-7. Matriz RACI

2.2.4. CPM e PERT

As técnicas CPM (*Critical Path Method*) e PERT (*Program Evaluation and Review Technique*) estão muito ligadas ao início do gerenciamento formal de projetos, mas ainda hoje são utilizadas. Softwares de gerenciamento de projetos incluem essas técnicas como parte das suas funcionalidades.

O caminho crítico de um projeto é um caminho percorrido através dos eventos relacionados ao projeto cujo somatório dos tempos condiciona a duração do trabalho a ser executado. O caminho crítico reflete o tempo mínimo necessário para terminar o projeto e, assim, reflete o caminho mais longo do projeto. Evidentemente, saber qual é o caminho crítico de um projeto é tarefa fundamental do seu gerenciamento.

O método do caminho crítico (*Critical Path Method* – CPM) permite obter a duração total do trabalho e a folga das tarefas que não controlam o término do trabalho. A importância de se identificar o caminho crítico fundamenta-se nos seguintes aspectos:

- Permite saber, de imediato, se será possível ou não cumprir o prazo anteriormente estabelecido para a conclusão do projeto.
- Permite identificar as atividades críticas que não podem sofrer atrasos, permitindo um controle mais eficaz das tarefas prioritárias no projeto.
- Permite priorizar as atividades cuja redução terá menor impacto na antecipação da data final de término dos trabalhos, no caso de ser necessária uma redução desta data final.
- Permite estabelecer a primeira data e a última do término do projeto.

> **DICA:** frequentemente, o caminho crítico é tão maior que os demais que basta acelerá-lo para acelerar todo o trabalho.

A técnica PERT trata de um método para estimar a duração das atividades e estimar o custo de um projeto. A PERT trabalha com três estimativas: P (pessimista), MP (mais provável) e O (otimista). Com essas três estimativas a técnica PERT calcula a duração estimada (TE) da atividade utilizando a seguinte fórmula:

TE = (TO + 4TM + TP)/6

Onde:
TO (duração otimista) é o melhor cenário.
TM (duração mais provável) é o mais provável cenário.
TP (duração pessimista) é o pior cenário.

A técnica PERT também calcula o custo estimado (CE) da atividade utilizando a seguinte fórmula:

CE = (CO + 4CM + CP)/6

Onde:
CO (custo otimista) é o melhor cenário.
CM (custo mais provável) é o cenário mais provável.
CP (custo pessimista) é o pior cenário.

Essa forma de calcular a duração das atividades ou o custo permite obter uma melhor estimativa.

> **DICA:** PERT e CPM são técnicas utilizadas normalmente em conjunto.

2.2.5. Risco

Segundo o Guia PMBOK, o risco do projeto é um evento ou uma condição incerta que, se ocorrer, terá um efeito sobre pelo menos um objetivo do projeto. Os objetivos podem se referir a tempo, custo, escopo ou desempenho. Para o Guia PMBOK, o risco pode se tratar de uma ameaça ou oportunidade. Esta é uma definição mais abrangente para o risco e hoje é mais bem aceita.

O risco do projeto pode ter uma ou mais causas e pode ter um ou mais impactos. A causa pode ser um requisito, uma premissa ou uma restrição que crie a possibilidade de resultados negativos ou positivos (Guia PMBOK).

O risco do projeto tem origem na incerteza existente em todo projeto. Riscos conhecidos são os que foram identificados e analisados e possuem resposta planejada. Outros riscos que não são conhecidos e podem ser gerenciados normalmente precisam de um plano de contingência para ser executado caso ocorram.

O gerenciamento de riscos de um projeto requer um entendimento claro sobre o apetite de risco da empresa e os requerimentos de conformidade, transparência e inserção da cultura de gerenciamento de riscos nas atividades da companhia.

O gerenciamento de riscos precisa considerar como uma determinada organização aceita determinado grau de risco para um projeto, o que é chamado de tolerância a riscos. Os riscos então podem ser aceitos e gerenciados dentro dessa tolerância e em equilíbrio com as recompensas que podem ser obtidas para assumir os riscos. As organizações devem estar comprometidas com uma abordagem proativa de gerenciamento de riscos durante todo o projeto.

> **DICA:** as respostas aos riscos dependem de como as pessoas reagem aos riscos. Essas reações dependem principalmente da percepção de riscos e da tolerância aos riscos das pessoas envolvidas.

2.3. Sucesso e Fracasso

Sucesso e fracasso de projetos são muitas vezes aspectos subjetivos e dependem de quem está avaliando o projeto. Clientes e executores geralmente possuem visões diferentes a respeito do sucesso e do fracasso do projeto. Portanto, é importante tentar definir o que seja sucesso e fracasso de um projeto com a presença das partes interessadas.

O sucesso do projeto e o sucesso do gerenciamento de projetos merecem também ser diferenciados. O sucesso do gerenciamento de projetos é medido por parâmetros como custo, prazo e qualidade. Já o sucesso de projetos considera os objetivos das partes interessadas.

Sucesso em gerenciamento de projetos está normalmente relacionado ao alcance do objetivo planejado. Fatores que evidenciam o sucesso são:

- Resultados obtidos dentro do prazo e do orçamento.
- *Stakeholders*, em sua maioria, satisfeitos.

Fracasso em gerenciamento de projetos normalmente está relacionado ao não alcance de objetivos planejados. Fatores que evidenciam o fracasso são:

- Projeto excedeu custos e prazos.
- *Stakeholders* insatisfeitos com os resultados alcançados.
- Projeto cumpriu as exigências, mas não atingiu os objetivos.

Pinto e Slevin (1988) sugerem um modelo para a definição dos critérios de sucesso de um projeto com base em duas dimensões iniciais – projeto e cliente – que representam aspectos internos e externos dos projetos. Cada uma dessas dimensões é então subdividida em outros critérios:

Dimensão Projeto:

- **Tempo:** atender no prazo.

- **Custo:** ficar dentro do orçamento.
- **Desempenho:** o projeto funciona.

Dimensão Cliente:

- **Uso:** o projeto será ou está sendo usado pelos clientes.
- **Satisfação:** estou satisfeito com o processo de condução do projeto.
- **Efetividade:** este projeto beneficiará diretamente os usuários.

O trabalho de dissertação de Elaine de Paiva Gonçalves, realizado na UFRJ com o título "Análise Crítica das Principais Causas de Insucessos em Projetos de Empresas de Telecomunicações", aponta três grandes áreas de conhecimento com maior contribuição para o fracasso dos projetos: escopo (negociação, fase de planejamento), comunicação (fase de execução) e recursos humanos (liderança, fase de execução).

2.4. Indicadores

Os indicadores são instrumentos de gestão essenciais nas atividades de monitoramento e avaliação das organizações, assim como dos seus projetos, programas e políticas, pois permitem acompanhar o alcance das metas, identificar avanços, melhorias de qualidade, correção de problemas, necessidades de mudança etc. Eles permitem aos gerentes, minimamente, exercer duas funções básicas:

- Descrever por meio da geração de informações o estado real dos acontecimentos e o seu comportamento.
- Analisar as informações presentes com base nas anteriores, de forma a realizar proposições de valor.

Os indicadores servem para:

- Mensurar os resultados e auxiliar na gestão do desempenho.
- Embasar a análise crítica dos resultados obtidos e do processo de tomada decisão.
- Contribuir para a melhoria contínua dos processos organizacionais.
- Facilitar o planejamento e o controle do desempenho.
- Viabilizar a análise comparativa do desempenho de diversas organizações (*benchmarking*) atuantes em áreas ou ambientes semelhantes.

Em projetos de interesse público e de natureza social, os indicadores são utilizados intensamente na seção de justificativas e de objetivos para sensibilizar os avaliadores quanto à importância e à relevância da proposta contida no projeto.

Os indicadores servem de referência também para realizar a comparação na etapa de monitoramento dos resultados alcançados ou dos objetivos a serem alcançados. Eles, quando utilizados em projetos públicos ou sociais, são costumeiramente chamados de Indicadores Sociais (ISs). Uma boa referência para este assunto foi encontrada em Carvalho (2012).

2.4.1. Indicadores de Projetos

Terribli Filho publicou no site iMasters o artigo "A escolha dos indicadores de desempenho de projetos", que reforça a existência de lacunas no gerenciamento de projetos, com destaque para a utilização de indicadores de desempenho.

No artigo, o autor citado reforça que, antes de iniciar um projeto, se faz necessária uma avaliação de custo-benefício, a fim de tomar a decisão do "go" ou "no-go". Segundo ele, a ideia de fazer análise custo-benefício já está amplamente disseminada no mercado. Ele cita que a questão central é o acompanhamento do projeto durante sua existência ou ao seu final e reforça que quando se efetua uma avaliação do projeto durante seu ciclo de vida através de indicadores é possível tomar decisões para mudar o rumo do projeto ou mesmo para paralisá-lo, pois os indicadores mostram a situação atual e indicam tendências. No caso de indicadores medidos após o projeto, é necessário pensar com cuidado quais indicadores são representativos para o projeto.

Poucas empresas fazem uso de indicadores de projeto que permitam fazer uma avaliação do progresso em curso.

- **Indicadores medidos durante a execução do projeto**
  - **Indicadores operacionais:** são medidos durante a vida do projeto como foco em atividades e recursos e sinalizam qual a tendência do projeto. Ex.: *Cost Performance Index* (CPI), *Schedule Performance Index* (SPI).

> **DICA:** CPI e SPI têm como padrão de normalidade o número 1,0. Qualquer variação para cima indica que o projeto está melhor que o planejado em termos de custos (CPI) ou em termos de prazos (SPI); porém, estar abaixo de 1,0 indica situação adversa em uma ou em ambas as dimensões citadas.

- **Indicadores medidos após a conclusão do projeto**
  - **Indicadores de impacto:** medem o objetivo geral do projeto com resultados em longo prazo e sua contribuição. Ex.: contribuição de longo prazo.
  - **Indicadores de efetividade:** medem resultados dos objetivos propostos em um determinado período de tempo, após a produção dos resultados do projeto. Ex.: contribuição do resultado.
  - **Indicadores de desempenho:** evidenciam se os resultados planejados foram alcançados. Esses indicadores podem ser parcialmente monitorados durante a execução. Ex.: ROI.

A **Figura 2-8** resume os indicadores para projeto.

Se um indicador é uma medição e se é possível estabelecer um padrão (valor esperado) para cada indicador, então as variações determinam que algo está fora das condições de normalidade, exigindo do gerente de projetos fazer avaliação da variação, análise das causas das variações e elaboração/execução de planos de ação para ajuste da rota.

Terribli Filho reforça que a utilização de indicadores de desempenho em projetos é, na atualidade, indispensável para o efetivo acompanhamento e a tomada de decisões.

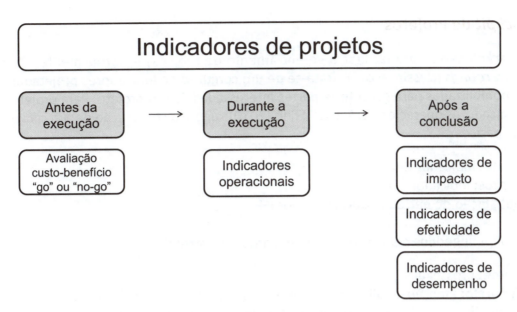

Figura 2-8. Indicadores de projeto

Shenhar e Dvir (2007) apresentaram dimensões de sucesso de projetos e seus respectivos indicadores, ilustrados na **Figura 2-9**.

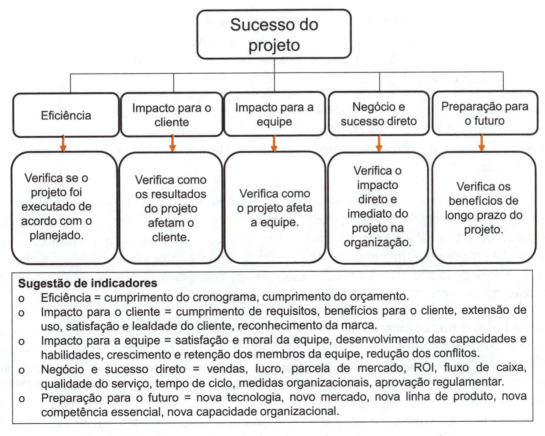

Figura 2-9. Dimensões e indicadores de sucesso em projetos

2.4.2. *Cockpit* de Projetos

Um *cockpit* serve para facilitar o gerenciamento de projetos e normalmente é baseado em indicadores e *ratings* (classificações). Trata-se de um conjunto de indicadores projetados em forma visual e disponibilizados para gerentes e partes interessadas de um projeto. Para projetos, considerando os indicadores operacionais, Terribli Filho (2010) sugere a construção de um *cockpit* com três indicadores básicos:

- **Custo:** indicador CPI.
- **Prazos:** indicador SPI.
- **Satisfação do patrocinador:** indicador ISP.

Os *ratings* sugeridos pelo autor são verde, amarelo, vermelho e preto.

- **Verde:** prosseguir.
- **Amarelo:** atenção, analisar ofensores e definir plano de ação corretivo.
- **Vermelho:** há pelo menos um indicador em condição vermelha.
- **Preto:** três indicadores em condição vermelha. Anormalidade.

2.5. Aspectos Essenciais do Guia PMBOK

2.5.1. Introdução

O guia Project Management Body of Knowledge – PMBOK – é um padrão reconhecido na área de gerenciamento de projetos. Este padrão, que é um documento que descreve normas, métodos, processos e práticas estabelecidas, foi criado a partir de boas práticas utilizadas por profissionais de gerenciamento de projetos.

O Guia PMBOK é a soma dos conhecimentos intrínsecos à profissão de gerenciamento de projetos. Inclui práticas tradicionais comprovadas e inovadoras que surgem e são rapidamente adotadas pela comunidade de gerenciamento de projetos. Ele possui cinco grupos de processos que abrangem dez áreas de conhecimento.

O Guia PMBOK também pode ser visto como um guia que fornece uma visão geral sobre as boas práticas de gerenciamento de projetos. Boa prática significa que existe um consenso de que a correta aplicação dessas habilidades, ferramentas e técnicas pode aumentar as chances de sucesso em projetos. A boa prática é uma espécie de referência e não significa que a simples aplicação dela resultará no sucesso do projeto. A própria aplicação da boa prática em um determinado projeto deve ser avaliada pelo gerente para um projeto específico.

O Guia PMBOK fornece um vocabulário comum para temas relacionados a projetos e ajudou na criação da profissão gerente de projetos. Na área de TI, por exemplo, demanda por gerenciamento de grandes projetos com as implantações de sistemas ERP (*Enterprise Resource Planning*) viabilizou a profissão de gerente de projeto e até a posição de CIO (*Chief Information Officer*) em grandes organizações. Hoje é comum no governo brasileiro, por exemplo, contratação de serviços de tecnologia da informação que tenham, para a sua execução, profissionais certificados em gerência de projetos.

O *Project Management Institute* (http://www.pmi.org/), uma instituição de alcance global, utiliza o Guia PMBOK como base para seus programas de desenvolvimento profissional.

Os dois primeiros capítulos do Guia PMBOK são uma introdução aos principais conceitos no campo de gerenciamento de projetos. O Capítulo 3 trata do padrão PMBOK para gerenciamento de projetos. Os capítulos de 4 a 13 são o guia para o conhecimento em gerenciamento de projetos. O guia é estruturado conforme descrito a seguir:

- **Capítulo 1 – Introdução.** Apresenta uma base e o objetivo padrão.
- **Capítulo 2 – Influências organizacionais e ciclo de vida do projeto.** Fornece uma visão geral do ciclo de vida do projeto e sobre as influências organizacionais.
- **Capítulo 3 – Processos de gerenciamento de projetos em um projeto.** O gerenciamento de projetos trata da aplicação de conhecimentos, habilidades, ferramentas em atividades do projeto a fim de atender aos seus requisitos.
- **Capítulos 4 a 13.** Tratam dos 47 processos de gerenciamento de projetos em dez áreas de conhecimento: integração; escopo; tempo; custo; qualidade; pessoal; comunicações; riscos; aquisições; partes interessadas.

2.5.2. Ciclo de Vida

Todo projeto possui um ciclo de vida baseado em fases durante as quais são realizados os processos de gerenciamento que englobam diversas áreas de atuação (por exemplo, escopo, tempo, recursos etc.). As fases são normalmente sequenciais e às vezes se sobrepõem. Ciclo de vida é um conceito fundamental em gerenciamento de projetos.

Os projetos podem ser mapeados para uma estrutura de ciclo de vida com as seguintes fases:

- Início.
- Organização e preparação.
- Execução do trabalho.
- Encerramento.

DICA: reforça-se que a quantidade e o nome das fases são particulares de cada projeto e as fases descritas anteriormente servem como referência.

2.5.3. PDCA

O avanço na utilização de melhores práticas em gerenciamento de projetos se relaciona com a evolução do Guia PMBOK, conforme visto anteriormente. O PDCA serviu de base para praticamente todas as melhores práticas adotadas na administração de uma forma geral e no gerenciamento de projetos de forma específica.

Pode-se então dizer que metodologias e práticas de gerenciamento de projetos utilizam como base o ciclo gerencial PDCA. O PDCA exerce o controle do processo e possibilita manter e até melhorar as diretrizes de controle de um processo.[6]

---
[6] Ver "TQC: Controle da Qualidade Total (no estilo japonês)", de Vicente Falconi Campos, publicado em 1992.

As letras que compõem a sigla PDCA vêm dos vocábulos em inglês: *Plan* (planejamento), *Do* (execução), *Check* (verificação) e *Act* (ação corretiva).

- Planejamento consiste em estabelecer metas sobre os itens de controle. Estabelecer a maneira para atingir as metas propostas.
- Execução consiste em executar as tarefas exatamente como previstas no plano e na coleta de dados para verificação do processo.
- Verificação consiste em comparar os resultados alcançados (a partir dos dados coletados na execução) com a meta planejada.
- Ação corretiva consiste em identificar desvios e atuar no sentido de fazer correções definitivas, de modo que o problema não volte a ocorrer.

A **Figura 2-10** ilustra a relação direta entre o PDCA e o ciclo de vida do projeto.

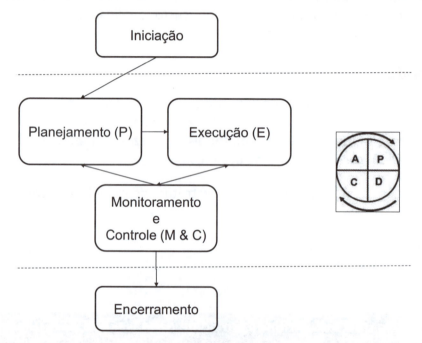

Figura 2-10. PDCA e ciclo de vida de gerenciamento de projetos (2)

A iniciação e o encerramento são fases específicas da área de projetos, mas as três fases intermediárias (planejamento, execução e controle) apoiam-se no ciclo gerencial PDCA. Os processos do PDCA ocorrem em ciclos, tendendo, de preferência, para uma espiral. Os resultados das ações de iniciação são utilizados como entrada para as ações a serem tomadas durante o planejamento.

Os processos de controle ocorrem simultaneamente com os processos de execução. Dependendo dos resultados da análise de execução feita no processo de controle, pode-se voltar a executar ações de planejamento, podendo assim ser reiniciado o ciclo com a incorporação da melhoria.

Em gerenciamento de projetos, o PDCA engloba:

❏ **Planejamento (P):** o planejamento depende da fase de iniciação do projeto, uma vez que as atividades planejadas devem ser somente as necessárias para cumprir o escopo do projeto definido na proposta.
❏ **Execução (D):** treinar se necessário, executar o planejado, gerenciar o projeto, documentar a execução, consultar o planejamento para as próximas atividades, acompanhar a qualidade dos produtos e atualizar o arquivo do plano do projeto.
❏ **Verificação (C):** fazer reuniões periódicas, avaliar o executado em relação ao planejado, avaliar o desempenho do projeto, avaliar solicitações de mudança e rever o plano de riscos, se necessário.
❏ **Ação (A):** tomar as ações corretivas e fazer ajustes no planejamento. Se necessário, encerrar o projeto com propostas de aproveitamento dos seus produtos do projeto e respectivos indicadores para acompanhamento dos resultados esperados.

Os grupos de processos de gerenciamento de projetos existem em cinco categorias: iniciação, planejamento, execução, monitoramento e controle e encerramento, conforme ilustra a **Figura 2-11**. A figura também ilustra as relações entre esses grupos de processos.

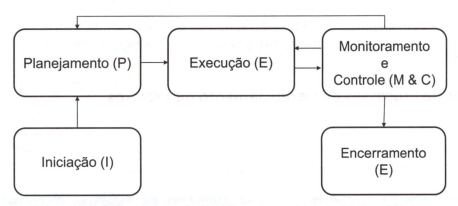

Figura 2-11. Relações entre grupos de processos

Os grupos de processos não são as fases do projeto. Quando projetos são divididos em fases, todos os grupos de processos deveriam ser repetidos para cada uma destas fases. A **Figura 2-12** ilustra um projeto de uma fase só.

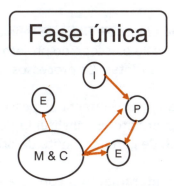

Figura 2-12. Grupos de processos por fases de projeto

A **Figura 2-13** mostra um projeto de três fases.

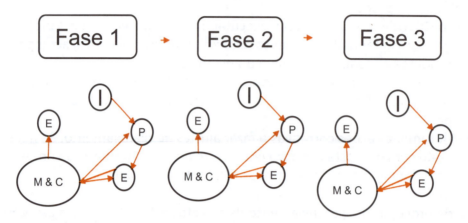

Figura 2-13. Grupos de processos em cada fase de um projeto

Em projetos, considerando a singularidade de sua execução, pode ocorrer uma sobreposição entre os processos D, C e A para as atividades que nunca foram executadas antes.

2.5.4. Grupos de Processos de Gerenciamento de Projetos

Os grupos de processos de gerenciamento de projetos são o núcleo do Guia PMBOK. Existem cinco grupos de processos de gerenciamento de projetos, conforme mencionado anteriormente. Reforça-se que os grupos de processo não são as fases do projeto.

> **DICA:** os grupos de processos de gerenciamento acontecem em cada fase do ciclo de vida do projeto.

Os grupos de processo são descritos da seguinte forma:

- **Grupo de processos de iniciação** – Define e autoriza o projeto ou uma fase do projeto. Constituído por processos que facilitam a autorização formal para iniciar um novo projeto ou uma fase do projeto.
- **Grupo de processo de planejamento** – Define e refina os objetivos e planeja a ação necessária para alcançar os objetivos e o escopo do projeto. Os processos deste grupo ajudam a coletar informações de muitas fontes. Os processos deste grupo desenvolvem o plano de gerenciamento de projeto.
- **Grupo de processos de execução** – Integra as pessoas e outros recursos para realizar o plano de gerenciamento do projeto. É constituído pelos processos usados para terminar o trabalho definido no plano de gerenciamento de projeto, a fim de cumprir os requisitos do projeto.
- **Grupo de processos de monitoramento e controle** – Mede e monitora regularmente o progresso do projeto para identificar variações em relação ao plano de gerenciamento de projeto. Possibilita a tomada da ação corretiva para atender aos objetivos do projeto.

Constituído pelos processos que observam a realização do projeto, de forma que possíveis problemas possam ser identificados no momento adequado e que possam ser tomadas ações corretivas, quando necessárias, para controlar a execução do projeto.

❏ **Grupo de processos de encerramento** – Formaliza a aceitação do produto ou serviço ou resultado e conduz o projeto a um final ordenado. Este grupo inclui os processos utilizados para finalizar todas as atividades de um projeto ou de uma fase de um projeto, entregar o produto terminado para outros ou encerrar um projeto cancelado.

> **DICA:** o gerente de projetos e a equipe são responsáveis pela determinação de quais processos serão empregados em um projeto específico e por quem, além de definir o grau de rigor que será aplicado à execução desses processos para alcançar o objetivo desejado do projeto. Os conhecimentos, as habilidades e os processos descritos no Guia PMBOK não devem ser aplicados uniformemente em todos os projetos.

> **DICA:** ressalta-se que no Guia PMBOK os processos são apresentados como elementos distintos com interfaces bem definidas, mas na prática eles se sobrepõem e interagem de maneiras diversas.

2.5.5. Áreas de Conhecimento

As principais áreas de conhecimento em gerenciamento de projetos são assim classificadas pelo Guia PMBOK:

❏ **Gerenciamento da Integração:** define os processos e as atividades que integram os diversos elementos do gerenciamento de projetos.
❏ **Gerenciamento do Escopo:** descreve os processos relativos à garantia de que o projeto inclua todo o trabalho necessário, e apenas o trabalho necessário, para que seja terminado com sucesso.
❏ **Gerenciamento de Tempo:** concentra-se nos processos relativos ao término do projeto no prazo correto.
❏ **Gerenciamento de Custos:** descreve os processos envolvidos em planejamento, estimativa, determinação do orçamento e controle de custos, de modo que o projeto termine dentro do orçamento aprovado.
❏ **Gerenciamento da Qualidade:** descreve os processos envolvidos no planejamento, monitoramento e controle e na garantia de que o projeto satisfará os requisitos de qualidade especificados.
❏ **Gerenciamento dos Recursos Humanos:** descreve os processos envolvidos no planejamento, contratação ou mobilização, no desenvolvimento e no gerenciamento da equipe do projeto.
❏ **Gerenciamento das Comunicações:** identifica os processos relativos à geração, coleta, disseminação, armazenamento e destinação final das informações do projeto de forma oportuna e apropriada.

- **Gerenciamento dos Riscos:** descreve os processos envolvidos na identificação, na análise e no controle dos riscos do projeto.
- **Gerenciamento das Aquisições:** descreve os processos envolvidos na compra ou na aquisição de produtos, serviços ou resultados para o projeto.
- **Gerenciamento das Partes Interessadas:** esta área de conhecimento, até a quarta edição, era parte integrante do gerenciamento das comunicações do projeto. Ela descreve processos que envolvem o gerenciamento das partes interessadas.

2.5.6. Documentos Principais

Conforme indica o Guia PMBOK, existem quatro documentos principais que devem ser gerados ao longo do ciclo de vida do projeto, e cada um deles possui um objetivo específico. São eles:

- **Termo de Abertura de Projeto (TAP):** autoriza formalmente o projeto. O TAP inclui os seguintes elementos:
    - Justificativa.
    - Objetivos e critérios de sucesso.
    - Requisitos de alto nível.
    - Descrição do projeto em alto nível.
    - Riscos de alto nível.
    - Resumo do cronograma de marcos.
    - Resumo do orçamento.

- **Declaração do Escopo do Projeto (DEP):** determina qual trabalho deverá ser realizado e quais entregas precisam ser produzidas. O DEP inclui os seguintes elementos:
    - Descrição do escopo do produto.
    - Critérios de aceitação do produto.
    - Entregas do projeto.
    - Exclusões do projeto.
    - Restrições do projeto.
    - Premissas do projeto.

- **Plano de Gerenciamento de Projeto (PGP):** determina como o trabalho será realizado.

> **DICA:** o PGP pode ser resumido ou detalhado e pode ser composto de um ou mais plano auxiliares. Cada plano auxiliar deve ser detalhado até o ponto requisitado pelo projeto. Linhas de base (referentes a cronograma, custos e escopo, por exemplo) e planos de gerenciamento auxiliares (referentes a escopo, requisitos, cronograma, custos, qualidade, melhorias, recursos humanos, comunicações, riscos e aquisições, por exemplo) precisam ser definidos no PGP.

- **Termo de Encerramento do Projeto (TEP):** determina formalmente o fim do projeto. As atividades necessárias ao encerramento do projeto ou de uma fase previstas no TEP incluem:

- Satisfazer a conclusão ou os critérios de saída, conhecidos também como resultados da fase ou do projeto.
- Transferência dos produtos, serviços ou resultados do projeto para a próxima fase.
- Recolher registros do projeto ou da fase necessários para auditar o sucesso ou insucesso do projeto.
- Recolher as lições aprendidas e arquivar as informações do projeto para uso futuro da organização.

A **Figura 2-14** ilustra os principais documentos relacionados aos grupos de processos de gerenciamento de projetos.

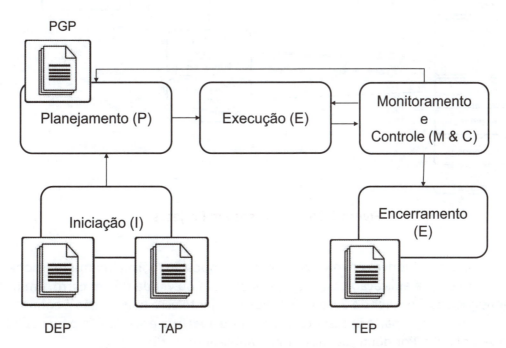

Figura 2-14. Ciclo de vida do projeto e documentos importantes

2.5.7. Negociação, Liderança e Comunicação

Problemas com negociação, com a liderança e com a comunicação são aspectos importantes relacionados aos fracassos em projetos (conforme já mencionado anteriormente). Agora eles podem ser relacionados aos grupos de processos e às áreas de conhecimento do Guia PMBOK, conforme ilustrado na **Figura 2-15**.

A negociação é um aspecto essencial a ser considerado no gerenciamento de projetos, e a falta de habilidade em negociar é apontada como causa de fracasso em projetos. Existem três tipos básicos de negociação: negociação distributiva, negociação integrativa e negociação criativa.[7]

---
[7] Fonte: Wikipédia.

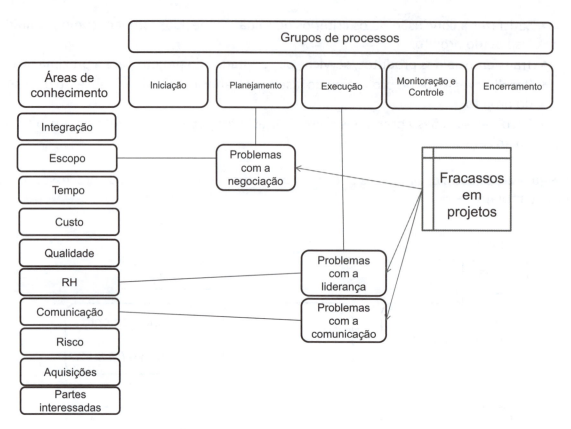

Figura 2-15. Fracassos em Projetos

As negociações distributivas envolvem apenas uma questão, normalmente relacionada a valores. Como exemplo de sua aplicação pode-se citar a compra ou venda de um carro, em que a única questão a ser negociada é o valor do automóvel. Normalmente essa negociação é conduzida em um ambiente competitivo. Cada parte apresenta um valor de abertura e se planeja para não ultrapassar determinado valor limite. Por definição, é sempre ganha-perde.

As negociações integrativas envolvem diversas questões. Como exemplo de aplicação pode-se citar a mesma compra ou venda de um carro, onde, em vez de negociar apenas o valor do automóvel, negociam-se também o prazo de pagamento, a inclusão de certos acessórios, a data de entrega, etc. Essa negociação pode ser conduzida tanto em um ambiente competitivo como colaborativo. No ambiente competitivo torna-se mais difícil para as partes alcançarem um bom resultado, devido à omissão ou distorção de informações ou a manobras para adquirir poder de influência. No ambiente colaborativo, em que ambas as partes são mais transparentes na divulgação de seus interesses, limites e prioridades, são criadas as condições ideais para uma solução ganha-ganha.

Na negociação criativa, cada parte revela seus interesses, a partir dos quais busca soluções que sejam capazes de atender à maior quantidade possível de interesses envolvidos. Essa negociação é ideal para encontrar soluções conciliadoras para problemas complexos. Deve ser conduzida em um ambiente colaborativo e emprega largamente os princípios de negociação apresentados por William Ury: foque nas pessoas, não nos problemas; diferencie posições de interesses, etc.

Em negociações complexas, como as conduzidas em projetos ou contratos de grande porte, é comum que o negociador precise utilizar as técnicas necessárias para conduzir os três tipos de negociação, simultaneamente.

A **falta de liderança** é um outro aspecto considerado causa de fracasso de projetos. Liderança pode ser conceituada como a arte de **comandar pessoas**, atraindo seguidores e **influenciando** de forma positiva mentalidades e comportamentos, e deve ser exercida pelo gerente de projetos.

É importante reforçar que a liderança pode surgir de forma natural, quando uma pessoa se destaca no papel de líder, sem possuir forçosamente um cargo de liderança. Esse é um tipo de liderança informal. Quando um líder é eleito por uma organização e passa a assumir um cargo de autoridade, exerce uma liderança formal. Em projetos podem surgir lideranças informais que precisam ser identificadas pelo gerente de projetos, o líder formal do projeto.

Kerzner (2006) reforça que em organizações tradicionais, formais, é comum que os funcionários reclamem quanto à qualidade da comunicação. Já os gerentes de projeto sêniores consideram a comunicação nessas organizações muito boa. As visões são conflitantes, mas o que importa é que a falta de comunicação, ou a comunicação inadequada, também é apontada como causa do insucesso de projetos.

O gerente de projeto é o ponto focal de toda a comunicação que possa fluir ao longo do ciclo de vida do projeto. Ele não deve concentrar todas as informações a respeito do projeto, mas deve tomar ciência de todas as ocorrências relevantes no projeto.

O gerente de projeto deve incorporar a figura de integrador de comunicação, avaliando-a e tomando atitudes em função da prioridade do projeto. Ele deve saber se comunicar com patrocinadores, com os clientes e com as equipes de projeto. Kerzner (2006) reforça que a maioria dos gerentes prefere se comunicar verbal e informalmente.

2.6. *Project Model Canvas* (PMC)

O *Project Model Canvas*, da mesma forma que o BMG para negócios, sugere o uso de uma metodologia que simplifica o gerenciamento de projetos e pode ser utilizado por organizações de diversos portes desde a fase de concepção do projeto até a fase de monitoramento e controle. A ferramenta utilizada pela metodologia é ilustrada na **Figura 2-16.** O quadro sugerido utiliza uma folha A1 e normalmente é preenchido com post-its.

O professor Finocchio Jr. sugere que uma metodologia de gerenciamento de projetos deve facilitar a utilização do cérebro. O cérebro tem dificuldades em classificar informações incompletas e as encara sempre como ameaças. Esse tipo de comportamento do cérebro é desfavorável ao sucesso de projetos, pois, com qualquer informação incompleta sendo tratada como ameaça, o gerenciamento é dificultado, interferindo no padrão de riscos do projeto e no consequente custo. A ideia sugerida pelo professor Finocchio Jr. é harmonizar a relação do cérebro com a metodologia de planejamento de projetos.

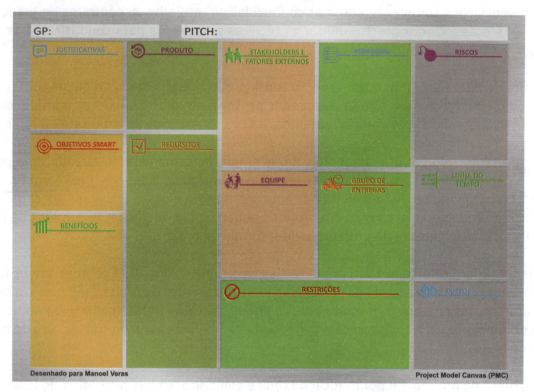

Figura 2-16. *Project Model Canvas* (PMC)

O PMC pode ser considerado um tipo de metodologia para apoio ao gerenciamento de projetos. A simplificação introduzida pelo PMC, quando comparada a outras metodologias, é muito grande. As metodologias de gerenciamento de projetos atuais estão pouco adaptadas à realidade das empresas, e a ideia de utilizar uma metodologia que prioriza o aspecto visual, o dito esquema, faz total sentido.

O termo de abertura do Guia PMBOK, por exemplo, assume que o projeto inicia com um documento legal que reconhece a existência de um projeto. Parece simples, mas na prática impõe um termo escrito contendo uma série de informações que muitas vezes são difíceis de ser estruturadas na forma necessária e no momento exigido. Além do mais, quase sempre são incompletas.

O PMC também reflete os aspectos essenciais do termo de abertura de um projeto quando documenta os requisitos iniciais que satisfazem as necessidades e expectativas das partes interessadas sem se preocupar com o formalismo imposto pelo termo de abertura do projeto sugerido pelo Guia PMBOK.

O plano de gerenciamento do projeto proposto pelo Guia PMBOK, por sua vez, deve integrar e consolidar todos os planos de gerenciamento auxiliares e linhas de base dos processos de planejamento em um documento formal. Em muitos casos, este plano, com seus diversos planos auxiliares, cronograma, EAP e outros aspectos técnicos, é obra de ficção e na prática muitas vezes é até esquecido pelo gerente devido a sua imprecisão relacionada à falta de informações quando da sua elaboração.

O PMC permite, no caso do plano de gerenciamento de projeto, adequar o rigor imposto pelo Guia PMBOK. Ele simplifica o plano e o torna mais realista, melhor, permitindo realizar ajustes de forma dinâmica e com a participação de todos os integrantes.

O PMC é o tema central do Capítulo 3.

2.7. Questões de Revisão

O que é o caminho crítico do projeto?

Como estimar a duração de um projeto?

Como estimar o custo de um projeto?

O que é a reserva técnica de um projeto?

Como você definiria as entregas e as contrapartidas financeiras de um projeto?

2.8. Referências Bibliográficas

CARVALHO, Claudinê Jordão de. **Elaboração e Gestão de Projetos.** Universidade Federal de Santa Catarina, 2012.

CLELAND, David L.; IRELAND, Lewis R. **Gerência de Projetos.** Rio de Janeiro: Reichmann & Affonso Editores, 2000.

FINOCCHIO JÚNIOR, José. Project Model Canvas: Planejamento em uma folha. **Revista Mundo Project Management**, fev./mar. 2013.

FINOCCHIO JÚNIOR, José. **Project Model Canvas:** Gerenciamento de Projetos sem burocracia. Rio de Janeiro: Elsevier, 2013.

KERZNER, Harold. **Gestão de Projetos:** as melhores práticas. 2 ed. Porto Alegre: Bookman, 2006.

KERZNER, Harold. **Project Management:** a system approach to planning, scheduling, and controlling. Hoboken: Wiley, 2001.

PINTO, J. K.; SLEVIN, D. P. Project Success: Definitions and Measurement Techniques. **Project Management Journal**, 19(1), 1988, p. 67-72.

PRADO, Darci; ARCHIBALD, Russel D. **Gerenciamento de Projetos para Executivos.** Lima: INDG, 2004.

PROJECT MANAGEMENT INSTITUTE. **PMBOK – Project Management Body of Knowledge:** um guia do conhecimento em gerenciamento de projetos. 5 ed. Newtown Square: PMI, 2013.

SHENHAR, A. V.; DVIR, D. **Reiventing project management**. The diamond approach to successful growth and innovation. Boston: Harvard Business Press, 2007.

TCU. **Manual de Gestão de Projetos.** Brasília: TCU, 2006.

TERRIBLI, Armano Filho. **Indicadores de Gerenciamento de Projetos:** monitoração contínua. São Paulo: M. Books, 2010.

VERAS, Manoel. **Gestão & TI.** Site. Disponível em: <http://gestaodeprojetos10.blogspot.com>. Acesso em: 11 de fevereiro de 2014.

3. Project Model Canvas (PMC)

Este capítulo introduz o *Project Model Canvas*. Explica o conceito, os fatores-chave, os princípios e a metodologia. Também reforça as dificuldades de adotar as melhores práticas sugeridas pelo Guia PMBOK ou mesmo o método SKOPUS em certos projetos. Por fim, relaciona o *Balanced Scorecard*, o *Business Model Generation* e o *Project Model Canvas*.

3.1. Surgimento

Gerenciar projetos é uma prática cada vez mais empregada em um ambiente global caracterizado pela velocidade das mudanças e aumento da competitividade, o que já foi reforçado no Capítulo 1. Guias baseados em melhores práticas globais, como o Guia PMBOK, passaram a ser referência para organizações e países do mundo inteiro.

Mesmo com o avanço na adoção de melhores práticas e da globalização de conceitos relacionados a gerenciamento de projetos, ainda existem dificuldades na utilização plena do conceito e das práticas sugeridas principalmente em países em desenvolvimento como o Brasil. Na verdade, muitas instituições no Brasil iniciam sua jornada em gerenciamento de projetos. Avançar com a utilização de ferramentas e técnicas de gerenciamento de projetos no governo brasileiro, por exemplo, tanto na esfera federal como nas esferas estadual e municipal, é uma necessidade que permitirá o melhor uso do recurso público.

Um aspecto importante relacionado aos projetos são as metodologias adotadas para o gerenciamento. Metodologias utilizadas para gerenciar projetos devem ser consideradas observando a categoria dos projetos. Uma única metodologia não resolve todas as demandas de gerenciamento de projetos. Alguns projetos possuem foco em planejamento (reengenharia, por exemplo) e outros em execução (P&D, por exemplo) e, portanto, possuem demandas de gerenciamento e de metodologias diferentes.

Uma forma de melhorar o gerenciamento de projetos sempre foi o de dividir o projeto a ser gerenciado em fases, cada uma envolvendo o planejamento, a execução e o controle. Dentre essas fases, o planejamento sempre foi uma etapa considerada vital para o sucesso de um projeto. Os processos de planejamento contidos numa fase deveriam definir o escopo do projeto, refinar os objetivos e desenvolver o curso de ação necessário para alcançar os objetivos para os quais o projeto foi criado. Na prática essa sempre foi uma etapa árdua, pois nessa fase já é necessário enxergar o projeto como um todo, e muitas vezes os elementos disponíveis para a realização desta tarefa e suas relações não são claros nem suficientes. Informações incompletas são assimiladas pelo cérebro como ameaças que complicam o plano de gerenciamento, conforme já mencionado no Capítulo 2.

A utilização de uma ferramenta mais intuitiva e que permita visualizar as grandes demandas de gerenciamento de projetos possibilita um gerenciamento mais dinâmico e o melhor envolvimento das partes interessadas. O *Project Model Canvas* (PMC) visa atender a essa demanda. Ele foi concebido pelo professor Finocchio Jr. e está ilustrado no site www.pmcanvas.com.br. A ideia é simplificar o gerenciamento de projetos através da ferramenta. Finocchio Jr. utilizou como referência o *Business Model Generation* (BMG) mencionado no Capítulo 1.

3.2. Conceito e Fatores-chave[8]

O PMC pode ser considerado uma ferramenta de apoio ao gerenciamento de projetos ou mesmo uma metodologia com foco em gerenciamento de projetos. Ele utiliza um ferramental baseado em uma folha em formato A1 e bloquinhos *post-it*, conforme já mencionado. Isso mesmo, a ideia é simplificar o gerenciamento de projetos utilizando uma ferramenta com apelo visual e de fácil uso. Junto com a ferramenta, o professor Finocchio Jr. sugere uma metodologia de uso.

O PMC utiliza a ideia de esquemas. Esquemas assumem que:

- Imagens ajudam a transformar suposições não verbalizadas em informações explícitas.
- Informações explícitas ajudam a pensar a comunicação mais efetivamente.

O professor Finocchio Jr. no seu livro "Project Model Canvas: Gerenciamento de Projetos sem burocracia" sugere que o gerente de projeto coordene um *brainstorming* com os atores envolvidos de forma a facilitar o entendimento sobre objetivos, fases, custos, riscos e benefícios, aspectos essenciais a serem tratados em qualquer gerenciamento de projetos.

A representação visual em que se baseia o PMC é a grande ideia e visa ajudar a responder as questões básicas de qualquer projeto:

- **Por quê?**
  - **Justificativa** – Problemas e demandas existentes na situação atual.
  - **Benefícios** – Melhorias e valor agregado na situação futura. Pode ser o aumento de receita, a redução dos custos, o uso mais eficiente dos ativos existentes, a melhoria da imagem da empresa ou mesmo a redução dos impactos social e ambiental (desejáveis).
  - **Objetivos** – Ponte entre situação atual e futura. Escrito em um parágrafo. Os objetivos devem ser SMART (específico, mensurável, alcançável, realista, delimitado no tempo).
    - ◆ **Específico** – Utilizar qualificadores e adjetivos suficientes para elucidar o projeto.

---

[8] Conceitos utilizados pelo PMC mesmo muitas vezes sendo idênticos aos conceitos utilizados em gerenciamento de projetos são repetidos aqui para efeito de facilitar o aprendizado.

- **Mensurável** – Esforços e resultados principais devem ser mensuráveis.
- **Alcançável** – Deve ser realizado com competências ao alcance da organização.
- **Realista** – Tempo e recursos suficientes para realizar o projeto.
- **Delimitado no tempo** – O projeto precisa ter data de conclusão.

❏ **O quê?**
- **Produto** – O que será entregue ao cliente. Pode ser um produto de fato, um serviço ou um resultado. Só deve ser entregue quando estiver completamente pronto.
- **Requisitos** – Maneira que o cliente comunica para a equipe aquilo que lhe parece desejável ou necessário no produto que vai receber ao término do projeto. Diferencie os requisitos necessários dos desejáveis. Características dos requisitos: unitário, completo, consistente, atômico, rastreável, atual, factível, não ambíguo, com prioridade determinada, verificável.

❏ **Quem?**
- **Partes interessadas (*stakeholders*)** – Todas as pessoas ou organizações envolvidas ou afetadas pelo projeto. Os *stakeholders* são externos e portanto não trabalham no projeto. Os *stakeholders* incluem o cliente e o patrocinador.
- **Fatores externos** – Devem ser monitorados. Ex.: comportamento da economia, regulação, tecnologia disponível, aspectos culturais, clima, disponibilidade de recursos.
- **Equipe** – Todos que produzem algo no projeto com respectivos papéis.

❏ **Como?**
- **Premissas** – Suposições assumidas sobre aspectos que não estão sob controle e influência do gerente de projeto. Protegem o gerente de projeto.
- **Grupos de entregas** – Garantem que o projeto foi concluído. Partes menores que, quando integradas, garantem que o projeto foi concluído.
- **Restrições** – São limitações de qualquer fonte impostas ao trabalho realizado pela equipe e que reduzem as opções.

❏ **Quando e quanto?**
- **Riscos** – Incertezas que importam, pois afetam os objetivos do projeto. Gerenciamento de riscos envolve identificar, avaliar, desenvolver e implantar respostas. Existe o risco global do projeto, que se refere à capacidade do projeto de atingir os objetivos e riscos específicos, frutos de avaliação em determinado momento.
- **Linha do tempo** – Lista de compromissos com datas limites para que sejam produzidas determinadas entregas. O cronograma seria um nível a mais no detalhamento da linha do tempo. Sugestão de divisão em quatro partes.
- **Custos** – Estimativa resumida identificando os custos por entrega. Custo de entrega pode ser desdobrado em elementos de custo. Associar riscos à reserva de contingência.

A **Figura 3-1** ilustra onde as questões básicas do projeto são colocadas na ferramenta visual. O PITCH utilizado pelo PMC como referência para todo projeto é uma frase pequena e rápida que consegue sumarizar o projeto. A frase deve ser colocada no local mostrado na figura.

PITCH:

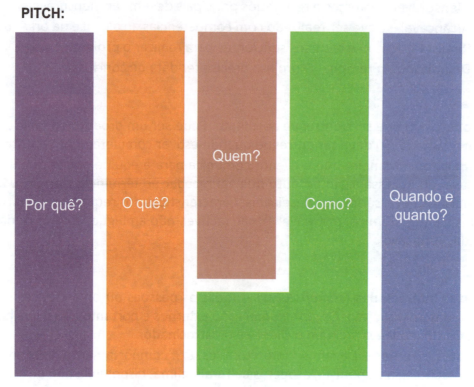

Figura 3-1. Questões chaves do PMC

A folha ilustrada na **Figura 3-2** representa os treze fatores-chave do projeto.

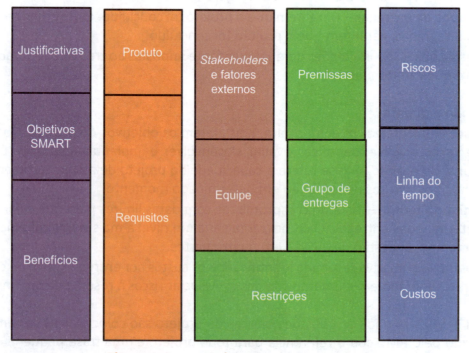

Figura 3-2. Treze fatores-chave do PMC

Com o povoamento da folha A1 realizado com os *post-its* e feito pelos participantes do projeto, acredita-se que as ideias se tornem mais claras, que sejam mais bem entendidas e refinadas e que ao final formem um modelo mental conciso que represente o projeto a ser gerenciado. Esse povoamento pode ser alterado de tempos em tempos de acordo com a dinâmica do projeto.

O PMC vem ajudar e muito empresas que de fato nunca conseguiram implantar a cultura de gerenciamento de projetos pelo simples fato de que a complexidade introduzida pela utilização de boas práticas como as sugeridas pelo Guia PMBOK afastou os não especialistas da tarefa de gerenciar projetos.

O PMC pode representar um documento único de plano de projeto ou um documento preliminar que servirá de base para o plano de projeto formal. O PMC deve ser feito preferencialmente em equipe. O professor Finocchio Jr. no seu livro sugere uma possível equipe ideal para tocar um projeto baseado no PMC:

- ❑ Gerente de projetos (elabora o plano).
- ❑ Especialista do negócio (conhece o negócio).
- ❑ Especialista do escritório de projetos (critica as formas de integrar os conceitos).

O Guia PMBOK inclui de fato as melhores práticas em gerenciamento de projetos, mas, em muitos casos, uma ferramenta como o PMC pode introduzir a disciplina de gerenciamento de projetos de forma mais simples e intuitiva em uma organização. Os princípios do Guia PMBOK continuam válidos e são utilizados também pelo PMC, mas o apelo visual da ferramenta acaba por simplificar algumas tarefas de gerenciamento e permite envolver a equipe, incluindo os *stakeholders*, de uma forma mais simples.

O PMC também estimula a inteligência coletiva (colaboração) na medida em que força a integração entre os principais atores do projeto, conforme ilustra a **Figura 3-3.**

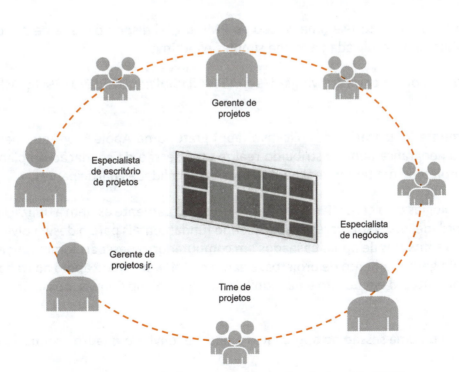

Figura 3-3. Inteligência coletiva estimulada pelo PMC

O PMC pode ser desdobrado (detalhado) com a utilização de outras ferramentas. Na **Figura 3-4** ilustra-se a ideia do desdobramento.

Cronogramas completos e orçamentos detalhados podem ser gerados partindo da linha de tempo e dos custos ilustrados no PMC. Também os planos formais que compõem o plano de gerenciamento de projetos (PGP) podem ser construídos com base no PMC.

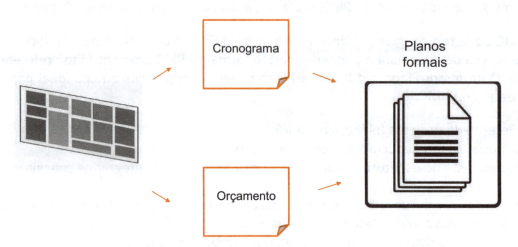

Figura 3-4. Desdobramentos do PMC

3.3. PMC Digital

No link a seguir encontra-se uma versão do PMC digital disponibilizada pelo professor Finocchio Jr. A sua utilização é explicada de forma simples e intuitiva.

https://docs.google.com/drawings/d/1euA5W4fLtSjpIYxihUURSZiuTR9OqPMKaFDQy1auM1k/edit?pli=1

Recentemente foi lançado um aplicativo (app) gratuito na Apple Store que permite que um time de projeto geograficamente distribuído realize uma sessão de cocriação do plano de projeto, que pode ser projetado em tempo real para as diversas localidades participantes.

As metodologias para gerenciamento de projetos praticamente exigem a utilização de software de apoio. Na verdade, esses softwares acabam sendo fundamentais para o desenvolvimento de uma metodologia. Os softwares de apoio baseados em computadores pessoais foram fundamentais para o crescimento do gerenciamento de projetos, e agora os softwares para apoio ao trabalho em redes baseados na computação em nuvem e na mobilidade, como o app Canvas, possibilitam novas experiências.

Ao término de uma sessão no app Canvas é possível enviar o quadro produzido para os participantes do projeto.

> **DICA : você pode baixar o app em:**
> https://itunes.apple.com/us/app/pm-canvas-official-app/id796959781?l=pt&ls=1&mt=8

O site do PMC Digital sugere não desenhar o PMC direto, pois o arquivo principal é compartilhado por todos. A sugestão é fazer uma cópia e depois sim preencher o modelo.

Para criar o modelo:

- [ ] Selecionar no menu a opção "Arquivo" e depois a opção "Fazer uma cópia".
- [ ] Dar um novo nome para o modelo e clicar no botão "OK" para efetivar a cópia do modelo ou em "Cancelar" para abortar a cópia.

Para preencher o modelo:

- [ ] Escrever nos *post-its* amarelos e arrastar para o *canvas*.
- [ ] Utilize os *post-its* rosas para indicar exceções ou alertas.
- [ ] Para duplicar *post-its*, selecione e tecle Ctrl + D.
- [ ] Para definir o GP e o *Pitch* basta clicar nas caixas de texto (ambas na cor verde) e para salvar pressione Enter.

Para publicar o modelo:

- [ ] Selecionar no menu a opção "Arquivo" e depois a opção "Fazer download como".
  - Opções:
    - Documento PDF.
    - Imagem: PNG, SVG ou JPG.

  - Outras opções:
    - Imprimir o modelo.
    - Enviar por e-mail como anexo.
    - Compartilhar modelo.

3.4. Princípios

Os princípios que norteiam o PMC são o apelo visual, os agrupamentos feitos de forma clara, a simplificação, a preocupação em já estabelecer uma base com os *stakeholders* e a ideia de sequência introduzida facilmente pelo apelo visual da ferramenta e ilustrada na **Figura 3-5**.

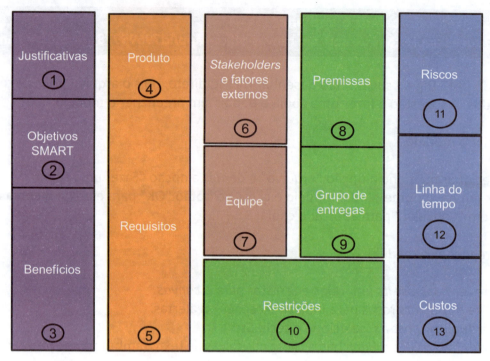

Figura 3-5. Princípio do sequenciamento proposto pelo PMC

3.5. Metodologia

A metodologia[9] é a explicação minuciosa, detalhada, rigorosa e exata de toda ação desenvolvida no método (caminho) de um trabalho de pesquisa. É a explicação do tipo de pesquisa, dos instrumentos utilizados (questionário, entrevista etc.), do tempo previsto, da equipe de pesquisadores e da divisão do trabalho, das formas de tabulação e tratamento dos dados, enfim, de tudo aquilo que se utilizou no trabalho de pesquisa.

O termo metodologia inclui os seguintes conceitos, em relação a uma disciplina particular ou campo de estudo:

- ❏ Coleção de teorias, conceitos e ideias.
- ❏ Estudo comparativo de diferentes enfoques.
- ❏ Crítica de um método individual.

Em gerenciamento de projetos o uso de metodologia não se refere à pesquisa ou às técnicas de análise específica. Na verdade, se refere a tudo que possa ser encapsulado por uma disciplina ou uma série de processos, atividades e tarefas. Esse uso do termo é tipificado pelo contorno quem, o quê, onde, quando e por quê. Na documentação dos processos que compõem a disciplina que está sendo apoiada por "esta metodologia" serão encontrados os "métodos" ou processos. Os processos em si são apenas uma parte da metodologia, juntamente com a identificação e o uso das normas, políticas etc.

---

[9] Fonte: Wikipédia.

Os benefícios[10] de utilizar uma metodologia padrão podem ser divididos em dois grupos:

- **Benefícios de curto prazo ligados à execução do gerenciamento de projetos:** diminuição de tempo de ciclo e custos reduzidos, planejamento realista com chances de atingir o cronograma previsto, melhor comunicação quanto ao que se espera da equipe e quando e lições aprendidas.
- **Benefícios de longo prazo parecem focar os fatores críticos de sucesso (FCSs) e a satisfação dos clientes:** maior rapidez na entrega, redução de riscos, aumento da confiança e satisfação do cliente, *benchmarking* e aperfeiçoamento contínuo tornam-se mais fáceis e rápidos.

A metodologia PMC é alicerçada em quatro pilares:

- **Conceber (0):** respostas para seis perguntas: Por quê? O quê? Quem? Como? Quando? Quanto?
- **Integrar (1):** garante-se a consistência entre os blocos e estabelece-se a integração entre os componentes.
- **Resolver (2):** identificam-se os pontos em que a montagem do *canvas* travou, por causa das indefinições, falta de informação ou contradições.
- **Compartilhar (3):** serve como base para outros documentos.

A **Figura 3-6** ilustra os pilares da metodologia.

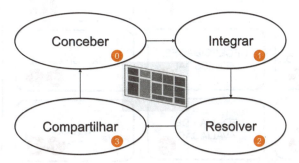

Figura 3-6. Pilares da metodologia PMC

3.6. Dificuldades com o Guia PMBOK

O Guia PMBOK sugere a utilização de uma série de documentos que ajudam a gerenciar os projetos. Esses documentos devem ser produzidos de acordo com o ciclo de vida do projeto.

O Termo de Abertura do Projeto (TAP), por exemplo, é um documento legal sugerido pelo Guia PMBOK que envolve para sua elaboração um levantamento anterior das necessidades de negócio, um *business case* para o projeto, uma descrição do escopo do produto, declaração de trabalho, plano estratégico e contratos relacionados.

---

[10] Baseado em texto de Michael Peplowski, da ISK Biosciences.

Outro documento importante é o Plano de Gerenciamento do Projeto (PGP), que por sua vez integra uma série de documentos e informações importantes. Não é simples obter tais documentos e informações e quase sempre o plano de gerenciamento não consegue ser tão completo como exige a boa prática. O plano de gerenciamento de projeto define como o projeto será executado, monitorado, controlado e encerrado, e o seu conteúdo varia dependendo da área de aplicação.

A **Figura 3-7** ilustra os vários componentes de um plano padrão de gerenciamento de projetos. O Guia PMBOK sugere esses documentos conforme mencionado no Capítulo 2, mas deixa claro que cada projeto é um caso e que os componentes do plano de gerenciamento devem ser pensados dentro do contexto e da importância do projeto.

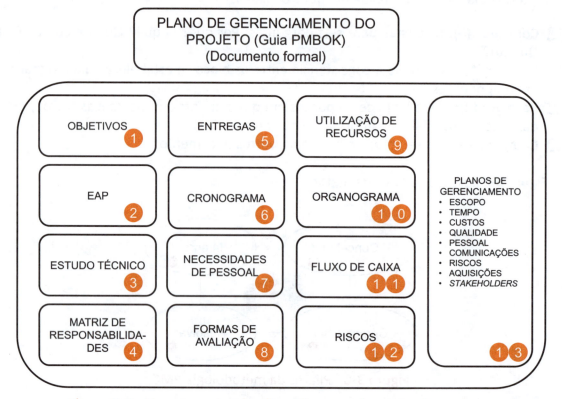

Figura 3-7. Componentes do plano de gerenciamento de projetos

Nos dois casos citados, ligados à geração de documentos importantes para o gerenciamento de projetos, já se podem imaginar as dificuldades que muitos gerentes de projeto encontram em seguir por completo ou mesmo parte das boas práticas sugeridas. Sugere-se que você, caro leitor, procure encontrar um plano de gerenciamento que tenha sido construído com os componentes citados na **Figura 3-7**.

3.7. Dificuldades com a metodologia SKOPUS

O SKOPUS, uma metodologia sugerida por Moura e Barbosa (2008, p. 42) sugere que o Plano de Projeto (PP) deve ser estruturado em três partes básicas: escopo, plano de ação e plano de monitoramento e avaliação. O escopo neste caso orienta o plano de ação e o plano de monitoramento e avaliação.

Os componentes do escopo sugeridos pelo SKOPUS são:

- ❑ Definição do problema.
- ❑ Justificativa.
- ❑ Objetivos gerais e específicos do projeto.
- ❑ Resultados esperados.
- ❑ Abrangência do projeto.

Os elementos do plano de ação sugeridos são:

- ❑ Atividades e tarefas.
- ❑ Estimativa de prazos.
- ❑ Estimativa de custos.
- ❑ Estimativa de recursos.
- ❑ Cronograma.

Por sua vez, os elementos do plano de monitoramento e avaliação sugeridos são:

- ❑ Matriz de produtos/serviços/resultados.
- ❑ Planilha de monitoramento.
- ❑ Planilha de avaliação.
- ❑ Análise de riscos.

A **Figura 3-8** ilustra as partes envolvidas no plano de gerenciamento de projeto definido pelo SKOPUS. Observe que o escopo é a base para a construção dos três planos sugeridos pela metodologia SKOPUS.

A metodologia SKOPUS, mesmo simplificando o plano de projeto quando comparado à proposta do Guia PMBOK, não é simples de ser construída, pois exige uma série de informações que devem ser obtidas para a construção dos planos de ação e de monitoramento e avaliação e que muitas vezes são difíceis de ser obtidas.

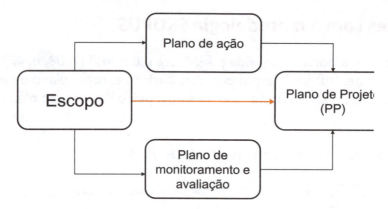

Figura 3-8. Metodologia SKOPUS

3.8. BSC, BMG e PMC

BMG, BSC e PMC podem ser utilizados em conjunto. Cada um possui uma finalidade.

No Capítulo 1 sugeriu-se o uso do BSC com BMG. Aqui se incorpora o PMC como uma alternativa ao gerenciamento de projetos.

O BMG é um mapa dos principais itens que constituem uma empresa. Pode ser também uma receita da estratégia, que deve estar sempre sendo revisada ao longo do tempo.

O BSC permite descrever a estratégia de forma clara por intermédio de quatro perspectivas: financeira; clientes; processos internos; aprendizado e crescimento. Sendo que elas se interligam, formando uma relação de causa e efeito. O BSC reflete a estratégia e propõe uma série de iniciativas para implementação da estratégia.

O PMC permite gerenciar as iniciativas orientadas pelo BSC através da utilização de um quadro que facilita o controle e o gerenciamento dos projetos decorrentes das iniciativas. Trata-se de uma metodologia.

A **Figura 3-9** resume a visão colocada.

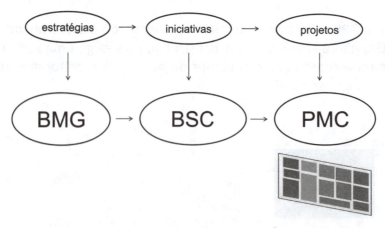

Figura 3-9. BMG, BSC e PMC

3.9. Questões de Revisão

O que é o PMC?

Para que serve o PMC?

Quais são os princípios do PMC?

Qual é a metodologia sugerida para utilizar o PMC?

Como utilizar o BSC, o BMG e o PMC em conjunto?

3.10. Referências Bibliográficas

FINOCCHIO JÚNIOR, José. **Project Model Canvas:** gerenciamento de projetos sem burocracia. Rio de Janeiro: Elsevier, 2013.

FINOCCHIO JÚNIOR, José. Project Model Canvas: Planejamento em uma folha. **Revista Mundo Project Management**, fev./mar. 2013.

MOURA, D. G.; BARBOSA, E. F. **Trabalhando com Projetos:** planejamento e gestão de projetos educacionais. Petrópolis: Vozes, 2006.

OSTERWALDER, Alexander; PIGNEUR, Yves. **Business Model Generation:** Inovação em Modelo de Negócios. Rio de Janeiro: Alta Books, 2011.

PROJECT MANAGEMENT INSTITUTE. **PMBOK – Project Management Body of Knowledge:** um guia do conhecimento em gerenciamento de projetos. 5 ed. Newtown Square: PMI, 2013.

SEBRAE. **O quadro de modelo de negócios.** Cartilha. 2013.

PARTE II. UTILIZAÇÃO DO PMC

4. Gerenciamento de Portfólio de Projetos (PPM)

Este capítulo trata de relacionar o gerenciamento de projetos com a estratégia e o desempenho da organização. Conceitos como o do *Balanced Scorecard* (BSC) explicados no Capítulo 1 são relacionados ao Gerenciamento do Portfólio de Projetos (*Project Portfolio Management* – PPM) de forma a permitir trabalhar o gerenciamento de projetos numa perspectiva estratégica. O capítulo também mostra como o PMC pode apoiar o PPM.

4.1. O que é o PPM?

Uma maneira de vincular a estratégia e o gerenciamento de projetos é utilizar o conceito de gerenciamento de portfólio de projetos (*Project Portfolio Management* – PPM). Rabechini Júnior (2005) sugere que o conceito de portfólio utilizado para escolher projetos é semelhante ao conceito de carteira de investimentos ou portfólio de aplicações financeiras, utilizado em finanças para orientar o investimento de uma pessoa ou organização. Um portfólio de aplicações financeiras normalmente faz parte de uma estratégia de diversificação, com o intuito de diminuir riscos. O princípio básico do portfólio de aplicações financeiras é que é necessário fazer escolhas. Tratando-se de portfólio de projetos não é diferente.

Por mais que os projetos sejam estratégicos, os recursos e o tempo para realização são limitados. Portanto, entre os projetos estratégicos existem projetos mais estratégicos do que outros. A grande questão é como escolhê-los e com base em quais considerações. Considerar fatores políticos? Ambiente de risco? Aspectos econômicos?

4.2. Padrão para Gerenciamento de Portfólio

Segundo o PMI, um portfólio ou uma carteira é uma coleção de componentes de programas, projetos ou operações gerenciadas como um grupo para alcançar objetivos estratégicos. Um portfólio é composto por componentes escolhidos mediante algum critério (risco *versus* retorno, por exemplo) e deve ser priorizado de acordo com a estratégia da organização. Como uma carteira de investimentos, as escolhas podem ser mais ou menos agressivas em termos de retorno. Em geral, maior risco está relacionado a maior retorno.

O gerenciamento de portfólio acontece no contexto da organização e relaciona objetivos estratégicos com atividades recorrentes e atividades projetizadas. Ou seja, o gerenciamento de portfólio envolve tanto as escolhas relativas à operação como as escolhas envolvidas com programas e projetos.

O PMI reforça que existem conceitos fundamentais para entender o gerenciamento de portfólio:

- Seus componentes podem não ser necessariamente interdependentes.
- O portfólio pode ser constituído por um conjunto de componentes do passado, do presente e do futuro.
- Uma organização pode ter mais de um portfólio, cada um abordando estratégias organizacionais e objetivos únicos.

Sobre o gerenciamento de portfólio, é importante saber que:

- O gerenciamento de portfólio inclui a identificação, categorização, avaliação e seleção de componentes para melhor realizar as estratégias organizacionais.
- O gerenciamento de portfólio procura atender a demandas conflitantes de programas e projetos para definir a alocação de recursos (por exemplo, pessoas, financiamento) com base em prioridades e capacidade de organização.

O Padrão para Gerenciamento de Portfólio do PMI está na 3ª edição e define entregas, processos de gerenciamento de portfólio e áreas de conhecimento.

As entregas do padrão de gerenciamento de portfólio são:

- **Plano Estratégico do Portfólio:** inclui visão do portfólio, alinhamento estratégico, abordagem, modelo de priorização, fundos e recursos disponíveis.
- *Portfolio Charter*: inclui escopo e cronogramas de alto nível, critérios de sucesso e principais partes interessadas.
- **Plano de Gerenciamento de Portfólio:** envolve aspectos de governança, risco, desempenho, mudança, comunicação, aquisições, *compliance*.
- *Roadmap* **do Portfólio:** envolve os componentes, os marcos importantes e as dependências de uma forma cronológica.
- **Portfólio:** é a coleção de projetos, programas e outros trabalhos que são agrupados para facilitar o seu gerenciamento eficaz para atender aos objetivos de negócios estratégicos.

Os grupos de processos do padrão de gerenciamento de portfólio são:

- **Definição:** define como a estratégia organizacional será implementada em uma carteira (plano estratégico do portfólio, *roadmap, portfolio charter* e plano de gestão). Oito processos.

- **Alinhamento:** gerencia e otimiza o portfólio (avaliação de componentes, priorização, seleção, modificação ou eliminação). Seis processos.
- **Autorização e controle:** autoriza a carteira de componentes e fornece uma supervisão contínua. Dois processos.

As áreas de conhecimento do padrão de gerenciamento de portfólio são:

- **Estratégia:** garante o alinhamento com a estratégia organizacional. Quatro processos.
- **Governança:** inclui a supervisão do portfólio e o apoio do corpo de atividades de tomada de decisão de governança. Cinco processos.
- **Desempenho:** gerencia a alocação de recursos e acompanha o desempenho do portfólio e a realização de valor. Três processos.
- **Comunicação:** desenvolve o plano de gerenciamento de comunicação do portfólio e gerencia a carteira de informações. Dois processos.
- **Riscos:** desenvolve o plano de gerenciamento de riscos do portfólio e gerencia os riscos do portfólio. Dois processos.

A **Figura 4-1** ilustra os processos de gerenciamento de portfólio.

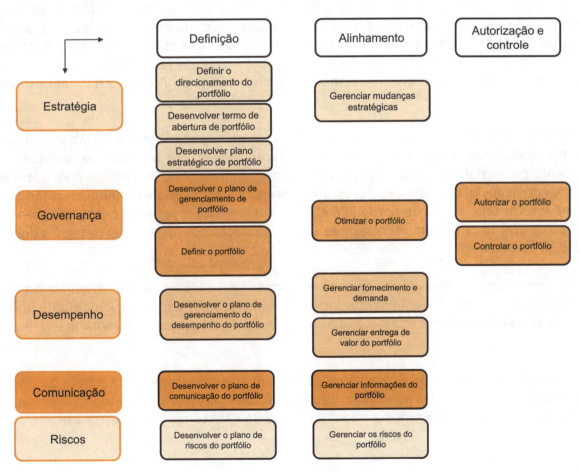

Figura 4-1. Processos do gerenciamento de portfólio

4.3. PPM e BSC

O conceito de PPM considera que é necessário priorizar os projetos de acordo com a estratégia vigente e assim definir um portfólio que reflita essa estratégia. Iniciativas oriundas de um planejamento estratégico quase sempre precisam ser priorizadas, e o gerenciamento do portfólio é uma forma de fazê-lo.

O portfólio de projetos refere-se a um conjunto de programas e/ou projetos, agrupados para facilitar o gerenciamento a fim de atingir os objetivos estratégicos do negócio. Um portfólio pode conter programas ou projetos que não estão relacionados, mas que devem obrigatoriamente estar vinculados aos objetivos da organização.

Um programa refere-se a um grupo de projetos relacionados e que são coordenados para a obtenção de benefícios e controle que não estariam disponíveis se eles fossem gerenciados individualmente. No governo, normalmente os programas têm caráter institucional, com diretrizes bem definidas voltadas para um ou mais objetivos da instituição. Os projetos em um programa devem ser reunidos e organizados para que recursos e esforços possam ser otimizados e integrados.

Definidos a visão, a missão e os atributos de valor de uma organização que realiza o planejamento estratégico, normalmente utiliza-se o BSC para definir os objetivos estratégicos em quatro perspectivas: financeira, clientes, processos internos e aprendizado e crescimento. Também o BSC permite definir os indicadores e as metas para os objetivos estratégicos. Ele traduz a estratégia em termos de objetivos e hoje é largamente utilizado em conjunto com técnicas de formulação da estratégia, como a análise SWOT e a análise de cinco forças de Porter. O BSC foi descrito no Capítulo 1.

Para serem atingidos, os objetivos estratégicos demandam iniciativas estratégicas normalmente traduzidas para projetos. É aí que entra o gerenciamento de portfólio de projetos. O gerenciamento de portfólio de projetos permite fazer o alinhamento das estratégias com os projetos sob a ótica do negócio. Colocam-se os programas/projetos numa cesta e definem-se critérios para selecioná-los. Ou seja, a ideia de portfólio é que um conjunto de programas e projetos precisa ser priorizado de acordo com a importância deles para a realização dos objetivos estratégicos definidos pelo BSC.

Conforme dito, o BSC também deve gerar metas e indicadores para cada objetivo estratégico. Nem todos os projetos serão executados ao mesmo tempo, e o gerenciamento de portfólio serve para agrupar programas e projetos e ajudar a definir qual projeto é prioritário em relação a outro.

A principal função do PPM é permitir realizar o alinhamento estratégico. Ele trata de alinhar as metas da organização definidas no seu plano estratégico com os projetos estratégicos. Alinhamento é, sobretudo, priorização. A **Figura 4-2** traduz a relação do PPM com a gestão estratégica.

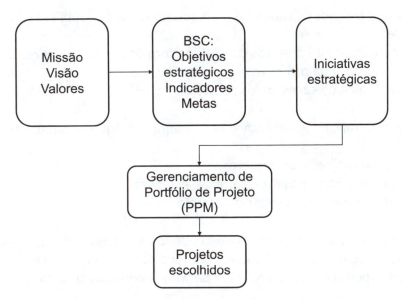

Figura 4-2. Gerenciamento de Portfólio de Projetos

A seleção e a priorização de projetos são facilitadas quando é definido que um projeto é mais estratégico do que outro. Quando não, é necessário pensar uma maneira de definir prioridades. O gráfico de bolhas mostrado na **Figura 4-3** é um exemplo de como priorizar projetos. Ele permite fazer a escolha baseada em valor *versus* risco do projeto. É comum escolher projetos de alto valor e baixo risco, como ilustra a figura. No caso da figura, o projeto escolhido seria o número 5. Na escolha de projetos é necessário considerar também a disponibilidade de recursos humanos e financeiros e o tamanho da carteira de projetos, pois, dependendo do tamanho do projeto, ele pode gerar alta complexidade de gestão.

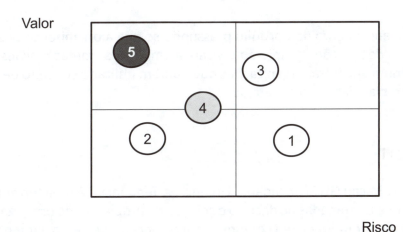

Figura 4-3. Valor *versus* Risco

O PPM pode ser visto como um conjunto de processos para analisar, recomendar, autorizar, ativar, agilizar e monitorar projetos para atingir os objetivos de melhoria das organizações. Ele normalmente gera os seguintes benefícios:

- Colocação de produtos privados no mercado ou de ações públicas na sociedade de forma mais rápida.
- Aumento do número de projetos concluídos com os mesmos recursos.
- Redução da duração de projetos.
- Aumento do índice de sucesso dos projetos.

O PPM deve assegurar que as três atividades a seguir sejam realizadas habilmente:

- Escolher o conjunto certo de projetos.
- Assegurar que o escopo dos projetos esteja correto.
- Executar com rapidez e na sequência correta.

Para ter um sistema de gerenciamento de portfólio de projetos eficaz, o papel da governança é fundamental. Trata-se de um papel executivo com foco na tomada de decisão geralmente desempenhada pelos níveis superiores, que se reúnem periodicamente para tomar decisões sobre:

- Quais projetos aprovar/rejeitar.
- Quando iniciar os projetos.
- Datas das entregas dos projetos.
- Critérios para proposta de projetos.
- Prioridades.
- Alocação de recursos.
- Análise de projeto.
- Investimentos em metodologia e ferramentas de gerenciamento de projetos.

O que se busca essencialmente com a governança é alinhar os projetos à estratégia. A consequência desse alinhamento é a maior transparência no uso dos recursos e, por consequência, maior controle.

Para fazer o gerenciamento do portfólio pressupõe-se que a organização possui um plano estratégico contendo as declarações de missão e visão, além de suas metas e ações estratégicas. Em situações reais é comum encontrar organizações que querem utilizar o conceito de portfólio sem ter ao menos realizado o planejamento estratégico.

4.4. Método GUT

A matriz de priorização GUT (Gravidade, Urgência e Tendência) é uma ferramenta utilizada na priorização das estratégias, tomadas de decisão e solução de problemas de organizações. Ela é a base do método GUT e pode ser utilizada em conjunto com o conceito de gerenciamento de portfólio de projetos, pois o seu uso permite identificar de forma simples quais projetos são prioritários.

Quase sempre a matriz GUT ajuda a priorizar o ataque a problemas administrativos. A gravidade trata do problema sobre pessoas, resultados etc. A urgência se relaciona com o tempo para resolver o problema. A tendência permite avaliar o crescimento, a redução ou o desaparecimento do problema.

O método GUT pode ser resumido da seguinte forma:

- Listar forças.
- Dar uma nota, de 1 a 5, para a gravidade de cada força.
- Dar uma nota, de 1 a 5, para a urgência de cada força.
- Dar uma nota, de 1 a 5, para a tendência de cada força.
- Multiplicar os resultados (gravidade x urgência x tendência) de cada força.
- Priorizar os projetos com base no maior valor obtido com a multiplicação.

O fato de "dar notas de 1 a 5" pode parecer subjetivo. Logo, é sugerido adotar a seguinte classificação:

Gravidade
(5 = extremamente grave; 4 = muito grave; 3 = grave; 2 = pouco grave; 1 = sem gravidade)

Urgência
(5 = precisa de ação imediata; 4 = é urgente; 3 = o mais rápido possível; 2 = pouco urgente; 1 = pode esperar)

Tendência
(5 = irá piorar rapidamente; 4 = irá piorar em pouco tempo; 3 = irá piorar; 2 = irá piorar a longo prazo; 1 = não irá mudar)

Ao final, será possível a priorização das ações com base nos aspectos da organização/projeto mais impactante. A **Tabela 4-1** resume a classificação sugerida para a matriz GUT.

Tabela 4-1. Classificação com a matriz GUT

Pontos	Gravidade	Urgência	Tendência
5	Extremamente grave	Ação imediata	Se nada for feito, o agravamento será imediato
4	Muito grave	Alguma urgência	Vai piorar a curto prazo
3	Grave	Mais cedo possível	Vai piorar a médio prazo
2	Pouco grave	Pode esperar um pouco	Vai piorar a longo prazo
1	Sem gravidade	Sem pressa	Não vai piorar ou pode até melhorar

4.5. Método de Análise Hierárquica (AHP)

O Método de Análise Hierárquica ou *Analytic Hierarchy Process* (AHP) serve para auxiliar pessoas na tomada de decisões complexas. Mais do que determinar qual a decisão correta, a AHP ajuda as pessoas a escolher e a justificar a sua escolha. Baseado em matemática e psicologia, ele foi desenvolvido na década de 1970 pelo Prof. Thomas Saaty, então na Escola Wharton, da Universidade da Pensilvânia, Estados Unidos.

Oliveira (2011) ressalta que o método AHP possui as seguintes características:

1. É aplicável aos problemas orientados por múltiplos atributos ou objetivos estruturados hierarquicamente.
2. É capaz de considerar simultaneamente atributos quantitativos e qualitativos em sua análise, ao mesmo tempo em que incorpora a experiência e a preferência dos tomadores de decisão.
3. Seu resultado final permite definir uma sequência cardinal da importância dos atributos e das alternativas.
4. É aplicável a questões complexas, que envolvam julgamentos subjetivos.

A premissa básica do método AHP é que um sistema decisório complexo deve ser definido segundo uma estrutura hierárquica composta de vários níveis, que compreendem os elementos cujas características podem ser consideradas similares. Esse tipo de estruturação do problema permite que tais características sejam facilmente identificadas, especialmente nos casos em que o objetivo do sistema decisório consiste na seleção de alternativas segundo múltiplos atributos.

Um dos principais aspectos do método AHP é que ele reconhece a subjetividade como inerente aos problemas de decisão e utiliza julgamento de valor como forma de tratá-la cientificamente. Essa propriedade é extremamente útil quando se tem dificuldade na obtenção de informações oriundas de dados probabilísticos.

Segundo Costa (2002, p. 16), este método se baseia em três princípios do pensamento analítico:

- **Construção de hierarquias:** no AHP o problema é estruturado em níveis hierárquicos, como forma de buscar uma melhor compreensão e avaliação. A construção de hierarquias é uma etapa fundamental do processo de raciocínio humano. No exercício desta atividade identificam-se os elementos-chave para a tomada de decisão, agrupando-os em conjuntos afins, os quais são alocados em camadas específicas.
- **Definição de prioridades:** o ajuste das prioridades no AHP fundamenta-se na habilidade do ser humano de perceber o relacionamento entre objetos e situações observadas, comparando pares à luz de um determinado foco ou critério (julgamentos paritários).
- **Consistência lógica:** no AHP, é possível avaliar o modelo de priorização construído quanto a sua consistência lógica. Dessa forma, o ser humano tem a habilidade de estabelecer relações entre objetivos ou ideias, de forma a buscar uma coerência entre eles, ou seja, de relacioná-los entre si e avaliar se ela possui consistência. Nesse caso, o modelo AHP utiliza tanto aspectos qualitativos quanto quantitativos do pensamento do ser humano.

O uso da técnica AHP vem avançando na área de portfólio de projetos. O AHP pode, por exemplo, ser utilizado para definir que projetos do portfólio oriundos do planejamento estratégico são prioritários. Para as organizações que já possuem o mapa estratégico, o uso da AHP encaixa como uma luva, pois o mapa estratégico já possui uma organização hierárquica. A **Figura 4-4** ilustra a vinculação de objetivos estratégicos a projetos específicos.

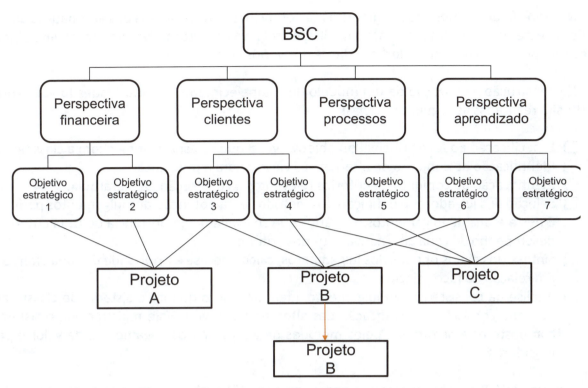

Figura 4-4. Seleção de projetos

A técnica AHP tem sido extensivamente estudada e refinada desde o seu desenvolvimento. Ela fornece um procedimento compreensivo e racional para estruturar um problema, para representar e quantificar seus elementos, para relacionar esses elementos com as metas globais e para avaliar soluções alternativas. Ela é utilizada no mundo todo em uma ampla variedade de situações de decisões, em campos como governo, negócios, indústria, saúde e educação.

Primeiramente, os usuários da AHP devem decompor seu problema de decisão em uma hierarquia de subproblemas mais facilmente compreendidos, cada qual podendo ser analisado independentemente. Os elementos da hierarquia podem se relacionar com qualquer aspecto do problema de decisão – tangível ou intangível, ser medido com precisão ou estimado grosseiramente, ser de boa ou de pobre compreensão – ou seja, qualquer coisa que se aplique à decisão.

Uma vez que a hierarquia esteja construída, os responsáveis pelas decisões avaliam sistematicamente seus vários elementos, comparando-os um ao outro, em pares. Ao fazer as comparações, eles podem usar dados concretos sobre os elementos ou podem usar seus julgamentos sobre o significado relativo ou a importância dos elementos. Essa é a essência do AHP: os julgamentos humanos, e não apenas as informações numéricas, podem ser usados na tomada de decisão.

A técnica AHP converte os julgamentos em valores numéricos, que podem ser processados e comparados sobre toda a extensão do problema. Um peso numérico, ou prioridade, é derivado para cada elemento da hierarquia, permitindo que elementos distintos e frequentemente incomensuráveis sejam comparados entre si de maneira racional e consistente. Essa potencialidade distingue a AHP de outros métodos de tomada de decisão.

Na etapa final, as prioridades numéricas são derivadas para cada uma das alternativas da decisão. Como esses números representam a habilidade relativa das alternativas de conseguir o objetivo da decisão, permitem uma consideração direta dos vários cursos de ação.

Na construção e utilização de um modelo de estabelecimento de prioridades fundamentado na AHP, são realizadas as seguintes etapas:

❏ Especificação do foco principal ou objetivo geral que se espera atingir com a classificação.
❏ Identificação do conjunto de alternativas viáveis para a priorização.
❏ Identificação do conjunto de critérios relevantes e construção da hierarquia.
❏ Seleção dos julgadores e definição dos métodos para obtenção dos julgamentos paritários. É nesta etapa de julgamentos paritários que se avaliam a importância de cada critério e o desempenho de cada alternativa à luz dos critérios.
❏ Síntese dos dados obtidos dos julgamentos, calculando-se a prioridade de cada alternativa em relação ao foco principal.
❏ Análise da consistência do julgamento, identificando o quanto o sistema de classificação utilizado consiste na classificação das alternativas viáveis. Vale registrar que o sistema é composto pela hierarquia, pelos métodos de aquisição dos julgamentos de valor e pelos julgadores.

O método AHP envolve quatro processos relacionados e não sequenciais, conforme ilustra a **Figura 4-5**.

❏ Identificação dos níveis e critérios.
❏ Definição dos conceitos.
❏ Formulação de perguntas.
❏ Avaliação de hierarquia.

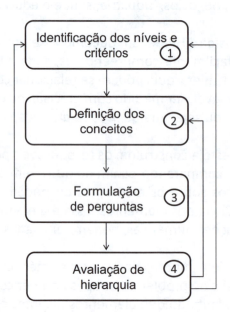

Figura 4-5. Modelagem da hierarquia

Finocchio Júnior (2010) apresentou no artigo "Alinhando o Portfólio de Projetos ao Mapa Estratégico: Técnica AHP", publicado na revista Mundo PM nº 32, um possível macroprocesso de gerenciamento de portfólio baseado na técnica AHP.

Como via de regra, a quantidade de projetos propostos pelo planejamento estratégico supera a capacidade de execução da organização dentro de um período de tempo, normalmente o ano fiscal. As limitações em geral são de recursos humanos e financeiros.

Com a técnica AHP cada projeto do portfólio é considerado, e a sua contribuição para cada objetivo é estabelecida na forma de uma taxa. O método então define a prioridade de cada projeto. O processo de gerenciamento de portfólio sugerido por Finocchio Jr. é baseado em algumas etapas:

- **Inventariar projetos.** É preciso inventariar os projetos, incluindo os que estão em andamento em um período de tempo específico.
- **Avaliar projetos.** O comitê precisa:
    1. Atribuir pesos relativos aos objetivos estratégicos. Com o método é feito uma comparação par a par de cada objetivo.
    2. Identificar quais objetivos estratégicos são afetados por cada projeto e atribuir uma taxa que reflete como aquele objetivo é afetado pelo projeto.
    3. A técnica permite fazer a síntese dos dados coletados em 1 e 2 e cada projeto recebe uma taxa geral de contribuição estratégica.
- **Seleção do conjunto de projetos.** A questão é: qual conjunto de projetos maximiza o alinhamento estratégico? O modelo deve considerar a restrição de recursos, a dependência entre projetos e maximizar a contribuição estratégica.
- **Validar e balancear o portfólio.** O comitê de portfólio entra novamente em cena para julgar o balanceamento, ou seja, o equilíbrio entre os diferentes objetivos e sua distribuição entre as diversas categorias de projeto.

Rabechini Júnior (2005) propõe outro modelo de gestão de portfólio de projetos constituído de três dimensões: preparação, geração e controle.

A dimensão "preparação" refere-se à preparação do processo de implementação da gestão de portfólio numa organização. Nesta fase os envolvidos devem saber quais procedimentos devem ser obedecidos e as considerações de negócio que envolvem os projetos da organização. Este processo deve envolver:

- Categorização dos empreendimentos.
- Identificação dos critérios de avaliação.
- Estabelecimento de pesos para os critérios de avaliação identificados.
- Identificação das pessoas-chave da organização.

A segunda dimensão ("geração") compreende os processos de identificação de projetos, avaliação de empreendimentos, formação da carteira e administração.

A avaliação tem como objetivo produzir as listas de projetos prioritários, agregando informações a esses empreendimentos. Rabechini Júnior sugere dois tipos de avaliação: a **tática**, que avalia a efetividade do projeto, e a **estratégica**, que está preocupada com o alinhamento dos projetos com o negócio.

Os projetos que passam pelo filtro de avaliação são candidatos à formação da carteira. Em seguida é necessário administrar a carteira de empreendimentos da empresa que determina o uso de recursos.

Por fim, a dimensão "controle" trata de revisar e de controlar as opções da carteira de projetos. Nesta dimensão gerentes de portfólio devem fazer reuniões de acompanhamento com os gerentes de projeto.

A **Figura 4-6** ilustra o modelo sugerido por Rabechini Júnior.

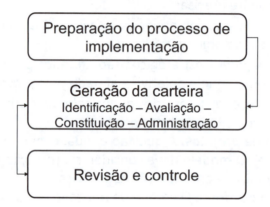

Figura 4-6. Modelo de gerenciamento de portfólio de projetos

4.6. PPM e PMC

É possível utilizar o PMC como referência para comparar projetos em um portfólio. Um mapa visual idêntico para todos os projetos do portfólio pode facilitar a escolha na hora de comparar os projetos e seus atributos. A **Figura 4-7** ilustra a utilização do PMC na fase de escolha dos projetos.

Considerando-se os aspectos de risco de projetos, por exemplo, o PMC permite comparar os riscos para os projetos A, B e C mostrados na figura.

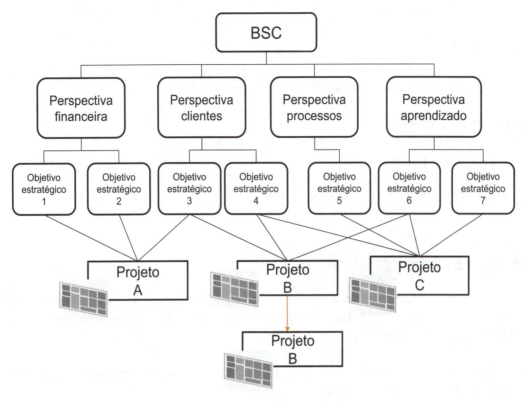

Figura 4-7. PPM e PMC

A **Figura 4-8** ilustra a ideia de comparar riscos de projetos utilizando o apelo visual do PMC. O mesmo pode ser feito para restrições dos projetos, por exemplo.

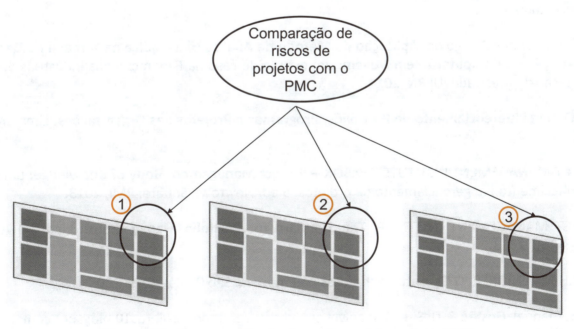

Figura 4-8. Comparação de riscos de projetos com o PMC

4.7. Questões de Revisão

O que é o PPM?

Como relacionar o gerenciamento de projetos com o PPM?

Quando utilizar o PPM?

Como relacionar o BSC ao PPM?

Como relacionar o PPM com o PMC?

4.8. Referências Bibliográficas

COSTA, Helder Gomes. **Introdução ao Método de Análise Hierárquica:** análise multicritério no auxílio à decisão. Niterói: [s.n.], 2002. Disponível em: <http://www.din.uem.br/sbpo/sbpo2004/pdf/arq0279.pdf>. Acesso em: 12 de fevereiro de 2014.

FINOCCHIO JÚNIOR, José. Alinhando o Portfólio de Projetos ao Mapa Estratégico: técnica AHP. **Revista Mundo Project Management**, abr./maio, 2010.

FINOCCHIO JÚNIOR, José. Project Model Canvas: planejamento em uma folha. **Revista Mundo Project Management**, fev./mar. 2013.

KENDALL, Gerald I. Gerenciamento de Portfólio de Projetos: princípios e boas práticas. *In*: DINSMORE, Paul C.; CABANIS-BREWIN, Jeannette. **AMA:** manual de gerenciamento de projetos. Rio de Janeiro: Brasport, 2009.

OLIVEIRA, Adriane Araújo de. **Aplicação do Método de Análise Hierárquica na Tomada de Decisão para Adoção de Computação em Nuvem:** um estudo de caso na Federação das Indústrias do RN. Dissertação de Mestrado. UFRN, 2011.

PRADO, Darci. **Gerenciamento de Portfólios, Programas e Projetos nas Organizações.** Lima: INDG, 2004.

PROJECT MANAGEMENT INSTITUTE. **PMBOK – Project Management Body of Knowledge:** um guia do conhecimento em gerenciamento de projetos. 5 ed. Newtown Square: PMI, 2013.

PROJECT MANAGEMENT INSTITUTE. **The Standard for Portfolio Management**. 3 ed. Newtown Square: PMI, 2013.

RABECHINI JÚNIOR, R. **O Gerente de Projetos na Empresa.** São Paulo: Atlas, 2005.

VERAS, Manoel. **Gestão & TI.** Site. Disponível em: <http://gestaodeprojetos10.blogspot.com>. Acesso em: 11 de fevereiro de 2014.

5. Escritório de Gerenciamento de Projetos (PMO)[11]

Este capítulo trata do escritório de gerenciamento de projetos (*Project Management Office* – PMO), que centraliza o apoio ao gerenciamento de projetos em muitas organizações. O capítulo introduz o conceito, define as atribuições e o posicionamento na estrutura da organização. Ele também demonstra como o PMC pode ser um instrumento de apoio ao escritório de gerenciamento de projetos.

5.1. Visão Geral

As estruturas organizacionais continuam sendo baseadas em funções. Por mais que se queira orientar a gestão e a estrutura organizacional para processos ou para projetos, a estrutura e a gestão por funções continuam a prevalecer. Observe o seguinte: se sua organização se diz baseada em processos ou projetos, pergunte quem é o dono do processo ou de um projeto específico. Você terá dificuldades em obter a resposta. Agora pergunte quem é o gerente financeiro ou o gerente de marketing e todos irão saber. A **Figura 5-1** ilustra uma organização funcional típica.

Tornar-se orientada a processos ou a projetos é uma pretensão organizacional. Na prática não é tão fácil. A menos que a organização já tenha nascido orientada a processos ou a projetos, fazer a mudança em organizações funcionais tradicionais não é tarefa trivial.

A estrutura funcional mantida de forma tradicional acaba por não permitir o avanço da maturidade em processos ou projetos. O resultado em geral é a perda de competitividade ao longo do tempo. A ideia é alterar a estrutura para possibilitar o avanço nos aspectos de projeto e processo das organizações. Depois, quem sabe um dia, a estrutura como um todo pode até se tornar por processo ou por projeto.

---
[11] Contou com a colaboração de Max Leandro de Araújo Brito.

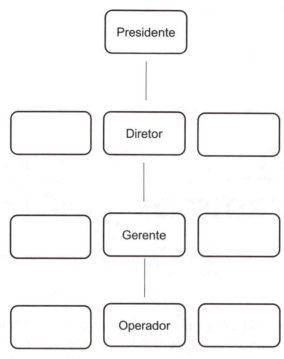

Figura 5-1. Estrutura funcional

O que se faz na maioria dos casos quando a pretensão é aumentar a maturidade nas áreas de processos organizacionais e projetos é criar estruturas de apoio (escritórios) para processos (atividades recorrentes) e projetos (atividades não recorrentes) e "pendurar" essas estruturas na estrutura organizacional vigente. Assim, as pessoas que trabalham em determinados processos ou em determinados projetos podem recorrer a uma retaguarda de apoio que ajuda em vários aspectos, incluindo documentação, registro histórico, metodologia, modelagem, treinamento etc. O foco aqui será no escritório de projetos. A **Figura 5-2** ilustra a estrutura organizacional já com as opções de escritórios de apoio a projetos e processos nos três níveis hierárquicos. O posicionamento hierárquico dos escritórios na estrutura vai depender da maturidade e do interesse da organização nas matérias envolvidas.

A origem do escritório de gerenciamento de projetos está associada aos departamentos de projetos existentes no final da década de 1950 e início dos anos 1960. O PMO possuía atuação restrita aos grandes projetos e tinha como principais funções a atualização dos cronogramas e a preparação da documentação a ser entregue ao cliente. Sua função na atualidade é muito mais ampla.

Hoje o PMO atua como um verdadeiro prestador de serviços dentro da organização e sua relação com os demais departamentos é baseada em um catálogo de serviços de apoio aos projetos.

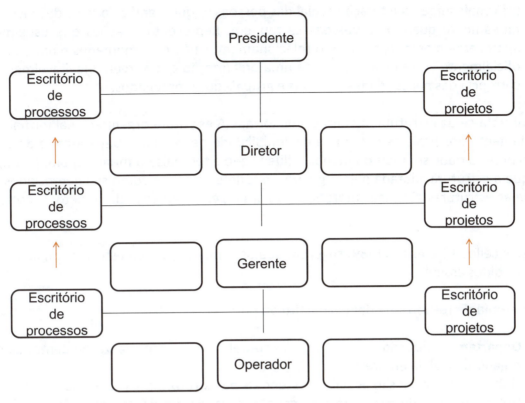

Figura 5-2. Estrutura funcional corrigida

5.2. Estratégia e Estrutura

A estratégia de negócio define os grandes objetivos da organização. O conceito de estratégia ainda hoje não é universal. Prevalecem os conceitos que consideram os ambientes interno e externo. Mais recentemente, diversos estudos surgiram associando estratégia à inovação.

A estrutura organizacional é a forma pela qual as atividades de uma organização são divididas, organizadas e coordenadas. Ela é um fator importante para qualquer empresa e pode influenciar a maneira como os projetos são conduzidos e, portanto, impactar os recursos a serem utilizados e os benefícios conseguidos. Chandler já na década de 60 afirmava que a estrutura deveria seguir a estratégia.

Relacionar a estrutura organizacional com a estratégia sempre foi um tema relevante.

Na verdade a estrutura organizacional da empresa limita a disponibilidade de recursos. Dependendo do tipo de estrutura, o projeto pode ser mais ou menos influenciado e ter mais ou menos apoio.

Toda empresa possui dois tipos de estrutura: formal e informal.

- **Formal:** deliberadamente planejada e formalmente representada, em alguns aspectos, pelo seu organograma.

❏ **Informal:** surge da interação social das pessoas, o que significa que se desenvolve espontaneamente quando as pessoas se reúnem. Representa relações que usualmente não aparecem no organograma. São relacionamentos não documentados e não reconhecidos oficialmente entre os membros de uma organização que surgem inevitavelmente em decorrência das necessidades pessoais e grupais dos empregados.

Aqui trata-se da estrutura organizacional formal. A estrutura organizacional formal influencia o gerenciamento dos projetos e define a disponibilidade de recursos. Dependendo do tipo de estrutura, o projeto pode ser mais ou menos influenciado e ter mais ou menos apoio. Assim, pode-se afirmar que a estrutura adotada pela organização reflete na forma como são gerenciados os projetos. Algumas estruturas são mais interessantes para o gerenciamento de projetos e outras trazem dificuldades.

Vasconcellos e Hemsley (1989) sugerem que os componentes da estrutura organizacional podem ser divididos assim:

1. Sistema de responsabilidade, constituído por:

❏ **Departamentalização:** trata da divisão do trabalho por especialização dentro da estrutura organizacional da empresa.
❏ **Linha e assessoria:** são as partes essenciais da estrutura organizacional de uma empresa. Linha tem ação de comando e é ligada à atividade-fim da empresa. Assessoria não tem ação de comando e é ligada à atividade-meio da empresa.
❏ **Especialização do trabalho:** também chamada de divisão de mão de obra, é o grau em que as tarefas organizacionais são divididas em trabalhos separados.

2. Sistema de autoridade, constituído por:

❏ Amplitude administrativa ou de controle.
❏ Níveis hierárquicos.
❏ Delegação.
❏ Centralização e descentralização.

3. Sistema de comunicações (resultado da interação das unidades organizacionais), constituída pelas seguintes perguntas:

❏ O quê?
❏ Como?
❏ Quando?
❏ De quem?
❏ Para quem?

Três tipos de estrutura são mais comuns de ser encontradas. São elas: a estrutura por funções (funcional), a estrutura por projetos e a estrutura matricial, que é um meio termo entre as outras duas.

Na estrutura funcional, projetos e atividades rotineiras são tratados da mesma forma. Projetos são geridos por gerentes funcionais, e os departamentos exercem forte influência na condução dos projetos. Normalmente os projetos que ocorrem em uma organização por funções não são considerados importantes e o que vale na prática é a função. O foco do projeto passa a ser um problema, pois cada integrante também tem um papel funcional.

As empresas na atualidade são muito mais complexas do que parecem, e estruturas funcionais muitas vezes não atendem aos objetivos da organização. Muitas delas são formadas por unidades de negócio centralizadas e unidades organizacionais de apoio compartilhadas, como Tecnologia da Informação e Contabilidade.

Na estrutura para projetos a parte funcional está dentro de cada projeto. Nesta organização os projetos são conduzidos por gerentes de projeto que têm total autonomia e se dedicam em tempo integral aos projetos. As funções nessa estrutura existem para dar suporte aos projetos. Pode haver duplicidade de esforços, já que os projetos podem ser conduzidos ao mesmo tempo, mas em compensação há uma clara definição de autoridade com a presença do gerente de projeto.

Um primeiro movimento na busca por resolver o problema de coordenação entre unidades de negócio independentes e unidades de apoio compartilhadas foi a utilização das estruturas matriciais. Nessas estruturas os gerentes se reportam tanto a executivos funcionais da organização como aos gerentes das respectivas unidades de negócio ou de produto. As estruturas matriciais se mostraram confusas, com os conceitos de autoridade e responsabilidade ambíguos.

A estrutura matricial representa um meio termo entre a estrutura funcional e a estrutura por projetos. As estruturas matriciais podem ser leve, balanceada e forte. As estruturas leves são muito próximas das estruturas funcionais padrão, e o que é diferente é que um dos profissionais funcionais passa a coordenar um determinado projeto. No caso da estrutura balanceada, o gerente de projeto tem alguma autonomia, mas ainda responde ao gerente funcional. Em organizações matriciais fortes os projetos são conduzidos por gerentes de projeto que se dedicam em tempo integral ao projeto e têm autonomia comparável à do gerente funcional.

Estruturas por projetos muitas vezes não são adequadas a empresas onde as funções prevalecem na estrutura. Uma saída é a utilização de escritório de projetos. O posicionamento do PMO nessas estruturas não é tarefa simples, pois ele deve servir a projetos das unidades de negócio e também a projetos das unidades compartilhadas.

A utilização do PMO tenta de alguma forma ajudar a fugir da construção de uma estrutura perfeita. Mapas estratégicos e BSC interligados se encarregam de sintonizar a estrutura com a estratégia.

5.3. O que é o PMO?

O PMO é o local central para conduzir, planejar, organizar, controlar e finalizar as atividades do projeto. É o local onde se pode obter uma visão global e panorâmica de todo o projeto. Além disso, é a casa do time do projeto, onde todo o suporte está disponível. Dessa forma, os gerentes de projetos podem liberar a maior parte do seu tempo para análise de dados e tomada de decisão (VARGAS, 2002).

O PMO é a unidade organizacional responsável por pensar todo o gerenciamento de projetos, concretizando a obtenção desses benefícios. O PMO possui a responsabilidade de manter a propriedade intelectual relativa à gestão de projetos, sustentando ativamente o planejamento estratégico da organização. Pode ser definido também como a área que centraliza determinadas atividades ou funções relacionadas à prática de gerenciamento de projetos, com o objetivo de fazer com que a organização alcance melhores resultados por meio de projetos (PINTO; COTA; LEVIN, 2010).

Cleland e Ireland (2012) reforçam que um PMO pode girar em torno de poucas pessoas que preparam e mantêm cronogramas dentro de uma organização, até um número maior de pessoas que planejam, elaboram relatórios, garantem a qualidade de um projeto, coletam informações e formam um centro de comunicação para todos os projetos, uma vez que o escritório de gerenciamento de projetos cresce à medida que a organização necessita.

O PMO pode ser visto também como a unidade organizacional formalmente estabelecida que tem a responsabilidade na área de projetos de definir, uniformizar e defender padrões, processos, métricas e ferramentas, bem como oferecer serviços de gerenciamento, treinamento e documentação, além de garantir o alinhamento das iniciativas à estratégia organizacional, podendo também confeccionar relatórios de progresso e acompanhamento e enviá-los para os patrocinadores. Trata-se de um pequeno grupo de pessoas com relacionamento direto com todos os projetos da empresa, podendo ser através de consultoria e treinamento ou até efetuando auditoria e acompanhamento de desempenho (ARCHIBALD; PRADO, 2004).

O escritório de gerenciamento de projetos é uma estrutura organizacional criada para gerenciar os projetos de uma organização. Seu modelo e sua posição hierárquica podem variar de acordo com o grau de maturidade da empresa, conforme já mencionado, mas o PMO prevê uma administração centralizada de portfólio de projetos da organização e sua meta é servir às necessidades do gerenciamento de projetos.

Uma boa maneira de saber como os projetos de uma empresa estão sendo desempenhados é ter um ponto focal em projetos. Independentemente do nome que venha a ter, o PMO passa a ser uma base para os gerentes de projeto e permite criar um sistema organizacional de gerenciamento de projeto que agregue valor de forma integrada e repetida.

O PMO pode tornar a organização um centro de excelência em projetos. Esses escritórios de gerenciamento de projetos têm sido adotados por um número crescente de organizações, com o intuito de unificar a metodologia e o gerenciamento de projetos, otimizar a alocação dos recursos e propiciar apoio efetivo às equipes na geração de soluções baseadas em projetos. Também é uma forma de incentivar a cultura de gerenciamento de projetos dentro da organização.

O PMO se torna crítico na medida em que a organização se torna baseada em projetos. Na última década houve uma tendência de aprimoramento das habilidades no gerenciamento de projetos. Três fatores explicam tal tendência:

- Execução de projetos menores que são menos complexos e, portanto, possuem mais chances de sucesso.
- Melhor gerenciamento de projetos.
- Maior uso de infraestrutura como a criada pelo escritório de projetos.

A criação de um PMO valoriza a profissão, mas deve ser bem articulada, pois pode ser vista como mais um item de despesa. A obtenção da certificação PMP pode ser uma condição importante para os funcionários que pretendem participar do escritório de projetos.

O escritório de gerenciamento de projetos pode ser classificado em três níveis:

Nível 01 – Fornece suporte básico aos projetos, incluindo controle de viagens, apoio aos aspectos contábeis do projeto, pagamento de fornecedores etc. Ver **Figura 5-3**.

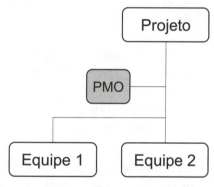

Figura 5-3. PMO – Nível 01

Nível 02 – Neste nível, o PMO já conta com gerentes sêniores que fornecem suporte aos projetos. Esses gerentes funcionam como consultores sêniores para impasses referentes a gestão de projetos e como apoio para atividades não previstas no escopo inicial do projeto. Ver **Figura 5-4**.

Figura 5-4. PMO – Nível 02

Nível 03 – Pode também estar inserido na estratégia de uma unidade de negócio e funciona como suporte a presidência. Ou pode estar inserido como escritório de projeto corporativo em uma organização com várias unidades de negócio. Ver **Figura 5-5**.

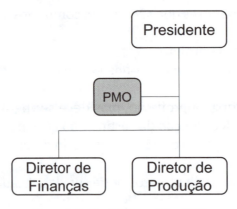

Figura 5-5. PMO – Nível 03

Neste nível, o PMO funciona como um escritório de projetos corporativo servindo a várias unidades de negócio estratégicas (UNE).

É natural que a empresa possa evoluir do nível 01 para o nível 03 em relação ao posicionamento do escritório de gerenciamento de projetos. Também uma mesma empresa pode ter dentro de suas instalações PMOs com diferentes níveis em diferentes países. O escritório de projetos nível 03 é conhecido como *Strategic Project Office* (SPO) ou Escritório Estratégico de Projetos e é neste nível que as organizações poderão obter o maior benefício do escritório de projetos.

O Guia PMBOK considera o PMO uma unidade organizacional que procura centralizar e coordenar toda a gestão de projetos da organização, realizando seu planejamento, priorização de projetos e a sua execução coordenada e subprojetos que estejam vinculados aos objetivos gerais do negócio.

Dinsmore e Cabanis-Brewin (2009) complementam o conceito de escritório de gerenciamento de projetos mencionando que, em nível corporativo, este tem capacidade de enfrentar diversos problemas gerenciais persistentes que afetam os projetos, tais como:

❏ **Fraca implementação de ferramentas:** neste ponto, o autor menciona que gerentes de projetos comumente acreditam ser impossível compreender o sistema como um todo, pois não há uma ferramenta que permita o planejamento, o controle e o acompanhamento com uma visão geral de todos os projetos da organização, e que tais ferramentas são raramente implantadas com eficácia, com treinamento e com o apoio de um escritório de projeto.

❏ **Fraco gerenciamento de projetos e fracos gerentes de projetos:** ao mencionar o fraco gerenciamento de projetos e os fracos gerentes de projetos, Dinsmore (2009) enfatiza que a maior parte das razões pelas quais os projetos fracassam está mais relacionada ao gerenciamento que a técnica em si, e que a padronização de processos para assegurar que os gerentes de projetos sejam treinados e avaliados apropriadamente ainda é uma ques-

tão falha em muitas empresas. É ressaltado também que os departamentos de recursos humanos, em média, não possuem o conhecimento para realizar de forma adequada a contratação, o treinamento, a supervisão e a avalição de especialistas em gerenciamento de projetos.
- ❏ **Falta de executivos que apoiem e entendam de projetos:** apesar da presença de um executivo da alta gerência que supervisione o escritório de projetos para a obtenção de maiores taxas de sucesso em projetos, muitas empresas ainda carecem de tal supervisão.
- ❏ **Processos antiquados para acompanhamento de prazos:** o autor faz referência à importância do acompanhamento preciso dos recursos de projetos, pois eles contribuem para o sucesso do gerenciamento de projetos. Esta característica requer novos processos para informar o progresso do trabalho e o nível do esforço, mas a maior parte dos processos de acompanhamento de prazos das empresas pertence e é originada no departamento de recursos humanos, e a maior parte desses está ainda usando um modelo de emprego segundo os princípios de mão de obra da era industrial.
- ❏ **Falta de metodologia consistente; falta de gerenciamento do conhecimento:** ao mencionar a falta de metodologia consistente e de gerenciamento do conhecimento, os autores ressaltam que um escritório de projetos se destaca como o repositório das melhores práticas em planejamento, estimativa, avaliação de riscos, delineamento do escopo, acompanhamento de habilidades, informe dos prazos do projeto, manutenção e apoio a métodos e a padrões e assessoria ao gerente de projeto.

5.4. Razões Contra e a Favor da Utilização do PMO

A literatura sobre gerenciamento de projetos aponta diversos pontos que merecem ser destacados sobre a utilização do PMO. Spelta (2009), em sua tese de doutorado "Escritórios de Projetos na Área de Tecnologia de Informação: um modelo discriminante do contexto para a sua criação", defendida na FGV em 2009, apresentou uma série de razões a favor e contra o PMO:

5.4.1. Razões a Favor do PMO

Existem diversas razões que reforçam a utilização do escritório de projetos nas organizações. Spelta (2009) identificou as seguintes:

- ❏ Aperfeiçoa o gerenciamento de projetos e reduz o número de projetos problemáticos.
- ❏ Usa recursos de forma mais eficiente em ambiente de múltiplos projetos.
- ❏ Melhora a qualidade e a satisfação do cliente.
- ❏ Há necessidades de implementar projetos estratégicos.
- ❏ Facilita a transferência de conhecimento em gerência de projetos na organização.
- ❏ Atenção às práticas de gerenciamento de projetos consideradas como as melhores pelo mercado.
- ❏ Melhora o controle e a comunicação sobre a situação de projetos.

5.4.2. Razões Contra o PMO

Existem diversas razões que reforçam a não utilização do escritório de projetos nas organizações. Spelta (2009) identificou as seguintes:

- ❏ Não há provas de que melhora o desempenho de projetos.
- ❏ Aumenta o custo fixo sem dar benefícios compatíveis
- ❏ Aumenta a burocracia.
- ❏ O ambiente é estável, sem importantes projetos a implementar.
- ❏ Cria conflitos entre os setores da organização; cria ressentimentos entre os gerentes de projeto e provoca perda de talentos para o gerenciamento de projetos.
- ❏ Os métodos de gerenciamento de projetos e os resultados obtidos são satisfatórios.

5.5. Atribuições do PMO

As organizações definem as atribuições do PMO dependendo da sua posição hierárquica e da sua forma de atuação. Portanto, não se estabelece um modelo tido como "ideal", possibilitando que a organização estabeleça as funções do PMO de acordo com as suas necessidades. A **Tabela 5-1** ilustra as possíveis funções desempenhadas pelo PMO.

Tabela 5-1. Funções desempenhadas pelo PMO[12]

Área de trabalho	Serviços prestados
Suporte ao planejamento do projeto	Manter a metodologia e as variações das práticas padronizadas Manter a medição do progresso
Auditoria do projeto	Processar lista de verificação em cada etapa Manter registro de ação corretiva
Apoio ao controle do projeto	Validar registros e acompanhamentos de prazos Efetuar revisão e resumo de todos os projetos
Apoio à equipe do projeto	Participar de exercícios de desenvolvimento da equipe Orientar e treinar nas técnicas de gerenciamento de projetos
Desenvolvimento de habilidades de gerenciamento de projetos	Efetuar avaliações de habilidades para futuros projetos Participar de avaliações de desempenho do projeto
Manutenção do processo de gerenciamento de projetos	Institucionalizar o gerenciamento de projetos Manter as linhas básicas e as mudanças da metodologia do projeto
Ferramentas do gerenciamento de projetos	Conduzir a avaliação de necessidades de ferramentas para projetos e organização Fornecer conhecimentos técnicos sobre ferramentas
Suporte executivo ao projeto	Recomendar prioridades para novos projetos Recomendar a distribuição de recursos entre projetos
Relatórios do projeto	Preparar e distribuir relatórios Preparar relatórios para a administração superior

---

[12] Baseado em "Project Management: strategic design and implementation", de Cleland e Ireland.

Área de trabalho	Serviços prestados
Problemas	Encerrar os problemas depois da solução
	Manter um histórico dos problemas para referência
Risco	Preparar planos de emergência
	Acompanhar os riscos e seu término
Itens de ação	Manter histórico de ação
	Encerrar itens de ação depois da conclusão
Comunicação	Preparar plano de comunicação
	Distribuir relatórios para os interessados
Prazos	Produzir cronogramas quando solicitados
	Preparar cronogramas em um sistema automatizado
Custo	Preparar orçamento
	Relatar posição do orçamento
Qualidade	Preparar planos de teste e demonstração
	Manter registros dos testes
Consultoria interna de gerenciamento de projetos	Prover conhecimentos de gerenciamento de projetos em todas as fases

5.6. Maturidade do Escritório de Projetos

Pensar a maturidade do gerenciamento de projetos é mais comum do que pensar a maturidade do PMO. Mas identificar a maturidade do escritório também faz sentido e pode ser uma forma de avançar no uso de boas práticas no gerenciamento de projetos.

A maturidade de um escritório de gerenciamento de projetos pode ser resumida pelo grau de sofisticação com que ele provê cada serviço relacionado aos projetos sob a sua responsabilidade, ou seja, como ele executa sua carteira de serviços relacionados aos projetos. O grau de maturidade envolve a habilidade de atender a novas necessidades decorrentes do amadurecimento da organização e de seus clientes, oferecendo novos serviços e sofisticando o nível de atendimento às demandas apresentadas.

O *PMO Maturity Cube*, sugerido por Pinto, Cota e Levin (2010), é um instrumento de avaliação da maturidade do escritório de projetos. Nele, as três dimensões que formam o cubo são a **amplitude** (corporativa, departamental ou programa-projeto), a **abordagem** (estratégica, tática ou operacional) e, por fim, o **nível de maturidade** (básico, intermediário ou avançado).

Em relação à amplitude, busca-se saber a abrangência da atuação dentro da organização. Dessa forma, o PMO pode ser: **corporativo**, quando abrange a organização como um todo, cuidando de todos os projetos desenvolvidos pela organização; **departamental**, quando abrange uma área, departamento, diretoria ou unidade de negócio, geralmente quando se responsabiliza apenas uma parte da organização – nesse caso o PMO prestará contas e cuidará dos projetos desenvolvidos pela respectiva unidade organizacional/departamento; **programa-projeto**, quando atua especificamente em um projeto ou programa da organização – nesse caso trata-se de escritório para atender à demanda de um grande projeto/programa, estando relacionado ao seu tempo de vida.

Em relação à abordagem, os autores da ferramenta destacam que as funções do escritório são estratégicas quando envolve oferecer a seus clientes serviços que de alguma forma têm uma ligação com questões estratégicas da organização, como prover informação à alta gestão para a tomada de decisão, priorizar projetos, monitorar a realização da estratégia; já em relação às funções táticas, estão voltadas para o oferecimento de serviços que atendam a um grupo de projetos ou indivíduos, como prover metodologia de gerenciamento de projetos, ferramentas de gerenciamento de projetos, treinamento para gerentes e equipes; e, por fim, as funções operacionais são as que oferecem serviços direcionados a um projeto ou indivíduo, como apoiar o planejamento e controle do projeto e recuperar um projeto com problemas.

Em relação ao nível de maturidade, Pinto, Cota e Levin (2010) sugerem o nível básico, que é a fase inicial do PMO, onde o escritório está aprendendo a desempenhar suas funções; o nível intermediário, onde já se conhecem as atribuições de cada participante do PMO e as funções a serem desempenhadas, existindo, entretanto, limitações para o pleno desenvolvimento das funções; e por fim o nível avançado, onde o escritório detém o conhecimento necessário e executa adequadamente as atividades conseguindo alcançar um ótimo padrão autoavaliativo de qualidade.

Para mensurar o nível de maturidade, Pinto, Cota e Levin (2010) desenvolveram três formulários (corporativo, departamental, programa-projeto) divididos em três partes: avaliação dos serviços estratégicos, avaliação dos serviços táticos e avaliação dos serviços operacionais. Com os três tipos de amplitude definidos (programa-projeto, departamental e corporativa) e três abordagens (estratégica, tática, e operacional), eles chegaram a um arranjo com 21 tipos de uso do PMO, conforme mostra a **Tabela 5-2**.

Tabela 5-2. Possíveis tipos de atividades do PMO[13]

Serviços	Amplitude - Corporativo	Amplitude - Departamental	Amplitude - Programa-projeto	Abordagem - Estratégico	Abordagem - Tático	Abordagem - Operacional
Informar o *status* dos projetos para a alta gerência	X	X	X			X
Desenvolver e implementar a metodologia padrão	X	X	X		X	
Monitorar e controlar o desempenho de projetos	X	X	X			X
Desenvolver as competências dos profissionais, incluindo treinamento	X	X	X		X	
Implementar e operar sistemas de informação dos projetos	X	X	X		X	

---

[13] Baseado em Pinto, Cota e Levin (2010).

Serviços	Amplitude			Abordagem		
	Corporativo	Departamental	Programa-projeto	Estratégico	Tático	Operacional
Prover aconselhamento à alta gerência	X	X	X	X		
Coordenar e integrar projetos de um portfólio	X	X		X		
Desenvolver e manter um quadro estratégico de projetos	X	X	X	X		
Promover o gerenciamento de projetos dentro da organização	X	X		X		
Monitorar e controlar o desempenho do próprio EGP	X	X	X	X		
Participar do planejamento estratégico	X	X		X		
Prover *mentoring* para os gerentes de projetos	X	X	X			X
Gerenciar um ou mais portfólios	X	X		X		
Identificar, selecionar e priorizar novos projetos	X	X		X		
Gerenciar arquivos/acervos de documentação de projetos	X	X	X			X
Gerenciar um ou mais programas	X	X	X			X
Conduzir auditorias de projetos	X	X	X			X
Gerenciar interfaces de clientes	X	X	X		X	
Prover um conjunto de ferramentas sem o esforço de padronização	X	X	X		X	
Executar tarefas especializadas para os gerentes de projetos	X	X	X			X
Alocar recursos entre os projetos	X	X	X		X	
Conduzir revisões pós-gerenciamento do projeto (lições aprendidas)	X	X	X			X
Implementar e gerenciar banco de dados de lições aprendidas	X	X	X		X	
Implementar e gerenciar banco de dados de riscos	X	X	X		X	
Gerenciar os benefícios de programas	X	X	X	X		
Mapear o relacionamento e o ambiente de projetos	X	X	X	X		
Recrutar, selecionar, avaliar e determinar salários dos gerentes de projetos	X	X			X	

5.7. PMO e PMC

O PMC pode ser um instrumento importante do PMO no sentido de definir um padrão para planejamento, execução e controle de projetos, conforme ilustra a **Figura 5-6**.

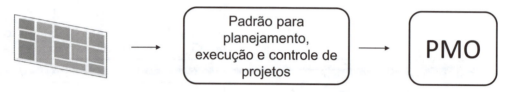

Figura 5-6. PMC como apoio ao PMO

O PMC pode ser utilizado como apoio ao PMO, principalmente, para:

- ❏ Conduzir revisões pós-gerenciamento do projeto (lições aprendidas).
- ❏ Gerenciar interfaces com os clientes.
- ❏ Desenvolver e manter um quadro estratégico de projetos.
- ❏ Desenvolver e implementar uma metodologia padrão.
- ❏ Informar o *status* dos projetos para a alta gerência.

Uma técnica interessante vinculada ao PMC e a sua utilização como apoio ao PMO é o *mirror canvas* ou PMC *mirror*. O *mirror canvas* é uma forma de incorporar as lições aprendidas com fins de ganho de escala. Uma organização pode utilizar lições aprendidas de outros projetos de formas mais simples.

O *mirror canvas* sugere que *post-its* típicos de determinadas categorias de projeto podem ser armazenados, formatados e preparados para a impressão em etiquetas. Esse trabalho pode ser realizado pelo pessoal do escritório de projetos.

O *mirror canvas* permite incorporar lições aprendidas e boas práticas. Ficam fora do *mirror canvas* os objetivos, a linha de tempo e o custo.

5.8. Questões de Revisão

O que é o PMO?

Para que serve o PMO?

Quais são as razões contra e a favor para implantar o PMO?

Relacione o PMO e o PMC.

O que é o PMC *mirror*?

5.9. Referências Bibliográficas

BRITO, Max Leandro de Araújo. **Maturidade de Escritório de Gerenciamento de Projetos:** o caso do Ministério Público do Estado do Rio Grande do Norte. Natal: Dissertação de Mestrado, UFRN, 2012.

CLELAND, David L.; IRELAND, Lewis R. **Gerência de Projetos.** Rio de Janeiro: Reichmann & Affonso Editores, 2000.

CLELAND, David L.; IRELAND, Lewis R. **Project Management:** strategic design and implementation. 4 ed. Nova York: McGraw Hill Higher Education, 2002.

CRAWFORD, J. Kent. O Escritório de Projetos: princípios e implantação. *In*: DINSMORE, Paul C.; CABANIS-BREWIN, Jeannette. **AMA:** manual de gerenciamento de projetos. Rio de Janeiro: Brasport, 2009.

DINSMORE, Paul C.; CABANIS-BREWIN, Jeannette. **AMA:** manual de gerenciamento de projetos. Rio de Janeiro: Brasport, 2009.

PRADO, Darci; ARCHIBALD, Russel D. **Gerenciamento de Projetos para Executivos.** Lima: INDG, 2004.

PINTO, A.; COTA, M. F. M.; LEVIN, G. The PMO Maturity Cube, a Project Management Office Maturity Model. *In*: **Proceedings of PMI Research & Education Conference**, Washington, 10-14 jul. 10.

PROJECT MANAGEMENT INSTITUTE. **PMBOK – Project Management Body of Knowledge:** um guia do conhecimento em gerenciamento de projetos. 5 ed. Newtown Square: PMI, 2013.

SPELTA, A. G. **Escritórios de projetos na área de tecnologia de informação:** um modelo discriminante do contexto para a sua criação. Tese (Doutorado em Administração de Empresas) – Fundação Getúlio Vargas, São Paulo, 2009. 221 p.

TCU. **Manual de Gestão de Projetos.** Brasília: TCU, 2006.

VASCONCELLOS, E. P. G.; HEMSLEY, J. R. **Estrutura das organizações**: estruturas tradicionais, estrutura matricial. São Paulo: Pioneira, 1989.

6. Maturidade em Gerenciamento de Projetos (PMM)[14]

O Capítulo 6 trata da maturidade em gerenciamento de projetos (*Project Management Maturity* – PMM). Saber da maturidade em gerenciamento de projetos é uma forma de entender o estágio atual da organização nesta matéria e poder definir um plano de ação estruturado para melhorar a maturidade em projetos e obter benefícios advindos de um melhor gerenciamento. É crescente a preocupação das organizações em melhorar a eficácia do gerenciamento de seus projetos, com o intuito de se manterem competitivas no mercado. Melhorar a maturidade em gerenciamento de projetos é uma forma de buscar o aumento da competitividade. O PMC, por sua vez, pode ser um aliado no avanço da maturidade em gerenciamento de projetos.

6.1. Origem

A maturidade em gerenciamento de projetos possibilita saber o nível de sofisticação, intimidade e utilização de ferramentas para o gerenciamento dos projetos organizacionais e indica a evolução na utilização de mecanismos que aperfeiçoem o gerenciamento de projetos na organização.

A preocupação das organizações com essa temática se tornou crescente a partir do momento em que os gestores perceberam que os projetos constituem uma ferramenta importante para a mudança organizacional em cenários complexos e na busca do aumento da competitividade.

O primeiro modelo de maturidade em gerenciamento de projetos surgiu na década de 1990 por meio de pesquisas desenvolvidas pela Universidade Carnegie-Mellon em parceria com o *Systems Engineering Institute* – SEI. O resultado dessa parceria foi o desenvolvimento da ferramenta *Capability Maturity Model* (CMM) com o objetivo de verificar o grau de maturidade de processos de projetos de desenvolvimento de software.

Este modelo foi responsável pela absorção do conceito de maturidade, oriundo da Gestão da Qualidade Total (*Total Quality Management* – TQM), para a área de gerenciamento de projetos de software e, posteriormente, para a gestão de projetos de qualquer natureza.

---
[14] Contou com a colaboração de Thiago Cavalcante Nascimento.

O sucesso do uso da ferramenta CMM em alinhamento com um cenário organizacional cada vez mais complexo resultou na criação de diversos outros modelos, não só com foco em determinar o nível de maturidade da organização, mas também para ajudar no alinhamento dos projetos com os objetivos estratégicos da organização.

De forma geral, todas as organizações acabam atingindo algum nível de maturidade em gerenciamento de projetos – que pode ser identificado em uma área funcional específica, em uma unidade inteira ou em uma divisão – mas isso, normalmente, não ocorre em curto prazo.

Dentre as inúmeras ferramentas desenvolvidas e disponíveis atualmente, o foco aqui será no Modelo de Maturidade em Gerenciamento de Projetos (MMGP) desenvolvido pelo consultor Darci Prado, do INDG. A escolha dessa ferramenta recai no fato de ela apresentar um elevado grau de consistência em comparação com outras ferramentas e sua aplicação ser significativamente mais simples, além de ter sido desenvolvida no contexto organizacional brasileiro, levando em consideração suas peculiaridades e podendo ser aplicado em organizações privadas, públicas e do terceiro setor.

6.2. Para que Serve o PMM?

Para que serve a maturidade? Existem diversas orientações ao uso do modelo de maturidade em gerenciamento de projetos. As principais seriam:

- Fazer *benchmarking*.
- Melhorar a cultura de gerenciamento de projetos.
- Fazer consultoria.
- Aferir a evolução do uso de práticas de gerenciamento de projetos.

6.3. Modelo de Maturidade em Gerenciamento de Projetos (MMGP)

O modelo de maturidade MMGP desenvolvido por Darci Prado é baseado na sua atuação como consultor e na sua experiência prática. Ele observou que, para desempenhar com habilidade as funções de gerenciamento de projetos, um setor de uma organização necessita evoluir em cinco dimensões, conforme ilustra a **Figura 6-1**.

O modelo MMGP pode ser utilizado para um setor ou para uma corporação inteira. Prado reforça que, no caso do modelo ser utilizado por uma unidade corporativa, as pessoas envolvidas com a unidade corporativa devem também participar do processo de resposta do instrumento.

As cinco dimensões mostradas na **Figura 6-1** são descritas a seguir.

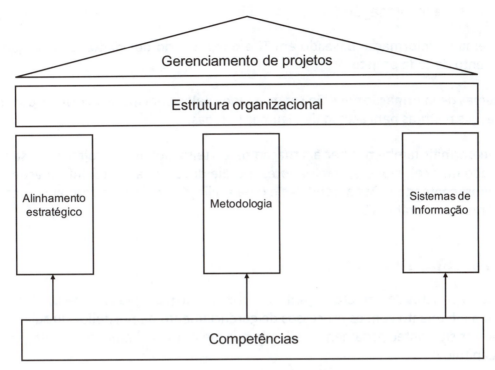

Figura 6-1. Plataforma para gerenciamento de projetos

6.3.1. Competências

Define-se competência como sendo o agrupamento de conhecimentos com experiência exitosa comprovada e com atitude pessoal. No modelo MMGP avaliam-se as seguintes competências:

- Competência técnica em gerenciamento de projetos.
- Competência contextual no negócio ou na aplicação.
- Competência comportamental.

6.3.2. Metodologia

Uma metodologia é um conjunto de métodos, ferramentas e técnicas orientados para um fim comum, que mostre o que deve ser feito, quando deve ser feito e como deve ser feito. Isso já foi visto anteriormente.

No caso de gerenciamento de projetos, uma metodologia deve ser adequada à área onde será utilizada no que diz respeito à categoria dos projetos ali executados e aos tamanhos dos projetos. Ela deve cobrir áreas de conhecimento (tais como as do Guia PMBOK), aspectos organizacionais e aspectos da informatização. Seus componentes são fluxogramas, *templates* e padrões.

No caso específico do modelo de maturidade, a metodologia trata de passos a serem seguidos para garantir a aplicação correta de métodos, técnicas e ferramentas.

6.3.3. Sistemas de Informação

Um sistema de informação baseado em TI é o repositório dos dados do planejamento e do acompanhamento de cada projeto.

Os sistemas de informação deverão ser acessados pelos principais envolvidos com o projeto e reter informações restritas para acesso de algumas pessoas.

Ele deve permitir também saber a situação da carteira global de projetos, mostrando dados agrupados (cubo mágico), gráficos, totalizadores etc. Ele deve ainda conter informações sobre projetos encerrados, contendo lições aprendidas e uma avaliação de suas performances, para permitir conhecer as "melhores práticas".

6.3.4. Alinhamento Estratégico

Para que os projetos de um setor sejam adequadamente planejados e executados é necessário um adequado alinhamento com os processos de gerenciamento de portfólio. Ou seja, a carteira de projetos deve ter sido antecipadamente validada por meio do alinhamento estratégico, conforme descrito no Capítulo 4.

Além disso, durante a execução dos projetos deve-se garantir o alinhamento estratégico por meio do seu monitoramento e controle, mas não apenas com o enfoque de gerenciamento de projetos e, sim, de gerenciamento do negócio. Tudo isso para garantir que os projetos de uma carteira não fiquem ao sabor de incertezas de um mau planejamento estratégico.

6.3.5. Estrutura Organizacional

As estruturas organizacionais devem ser escolhidas considerando o gerenciamento dos diversos projetos. No Capítulo 5 foram descritos os três principais tipos de estrutura: funcional, matricial, e por projetos.

6.3.6. Níveis do Modelo MMGP

O modelo de maturidade MMGP ajuda uma organização a descobrir seu estágio na habilidade de gerenciar projetos. O modelo também permite adotar uma estratégia para crescimento dentro dessa habilidade. O modelo MMGP utiliza os mesmos níveis do modelo SW-CMM e procura ser simples e universal. Relaciona a maturidade da organização com a sua capacidade de execução de projetos.

Os níveis do modelo são descritos a seguir:

- **Inicial ou embrionário ou *ad hoc***: a empresa está no estágio inicial de gerenciamento de projetos, que são executados na base da "boa vontade" ou do "melhor esforço" individual. Geralmente não se faz planejamento e o controle é inexistente. Não existem procedimentos padronizados. O sucesso é fruto do esforço individual ou da sorte. As possibilidades de atraso, extrapolação de orçamento e não atendimento às especificações técnicas são grandes.

- **Conhecido:** a organização fez investimentos constantes em treinamento e adquiriu softwares de gerenciamento de projetos. Pode ocorrer a existência de iniciativas isoladas de padronização de procedimentos, mas seu uso é restrito. Percebe-se melhor a necessidade de efetuar planejamento e controle e, em algumas iniciativas isoladas, alguma melhoria é percebida. No restante os fracassos "teimam" em continuar ocorrendo.
- **Definido ou padronizado:** foi feita uma padronização de procedimentos, difundida e utilizada em todos os projetos sob a liderança de um PMO. Uma metodologia está disponível e é praticada por todos, e parte dela está informatizada. Foi implementada uma estrutura organizacional adequada e possível ao setor e aos seus tipos de projetos no momento da implementação. Tenta-se obter o melhor comprometimento possível dos principais envolvidos. Os processos de planejamento e controle são consistentes e o processo de aprendizagem permite que eles sejam executados cada vez melhor. Os resultados "estão aparecendo".
- **Gerenciado:** os processos estão consolidados e a empresa está aperfeiçoando o modelo através da coleta e da análise de um banco de dados sobre projetos executados. Ele possibilita uma avaliação da causa de desvios da meta dos projetos, e contramedidas estão sendo estabelecidas e aplicadas. O ciclo de melhoria contínua é aplicado sempre que se detecta alguma deficiência. A estrutura organizacional é revista e evolui para outra que permite um relacionamento mais eficaz com as áreas envolvidas (eventualmente uma estrutura projetizada, matricial balanceada ou forte). Existe um alinhamento dos projetos com os negócios da organização. Os gerentes estão se aperfeiçoando ainda mais em aspectos críticos do gerenciamento, tais como relacionamentos humanos, conflitos, negociações etc. A aplicação de processos de gerenciamento de projetos é reconhecida como fator de sucesso para os projetos.
- **Otimizado:** existe uma otimização na execução de projetos com base na larga experiência e também nos conhecimentos e nas atitudes pessoais (disciplina, liderança etc.). Os novos projetos podem também se basear em um excelente banco de dados de "melhores práticas". O nível de sucesso é próximo de 100%. A organização tem alta confiança em seus profissionais e aceita desafios de alto risco.

A **Figura 6-2** mostra os níveis do modelo MMGP.

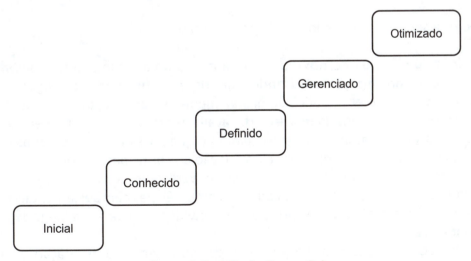

Figura 6-2. Níveis do modelo

A pesquisa de maturidade utilizando o modelo MMGP pode ser realizada no site http://www.maturityresearch.com/novosite/index.html (são quarenta questões a serem respondidas).

6.3.7. Plano de Crescimento da Maturidade (PCM)

Verificado o estágio de maturidade da organização em gerenciamento de projetos é necessário elaborar o Plano de Crescimento da Maturidade (PCM). Esse plano implica em um correto conhecimento da situação atual, onde se pretende chegar e em que tempo. A elaboração desse plano é de alta complexidade e deve ser tratado como um projeto. Prado (2008) recomenda que o PCM seja dividido em dois projetos.

A **Figura 6-3** ilustra o PCM dividido em dois projetos.

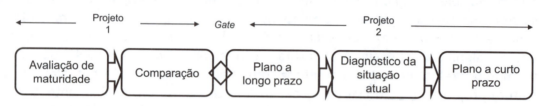

Figura 6-3. Plano de crescimento da maturidade em projetos

Entre o projeto 1 e 2 existe um *gate* para aprovação dos dados obtidos e decisão de continuidade. Assim, para uma realização com sucesso desse plano é necessário apoio da alta administração.

O plano de longo prazo reflete o nível ao qual a organização deseja chegar, a estratégia de crescimento adotada e o prazo para implementação do Plano de Crescimento da Maturidade.

O diagnóstico da situação atual é realizado entre os planos de longo prazo e planos de curto prazo e possui o objetivo de aprofundamento nos dados revelados na avaliação da maturidade, visando propiciar a montagem de um Plano de Crescimento da Maturidade confiável.

Os aspectos a serem considerados no diagnóstico são:

- **Descrição do cenário interno:** procura levantar como o assunto gerenciamento é abordado no setor da organização, analisando indicadores de resultados de negócios, indicadores de resultados de projetos, dados do planejamento estratégico, dentre outros.
- **Avaliação das dimensões da maturidade:** avalia a competência técnica em gerenciamento de projetos, em outras áreas de gerenciamento que possam ser necessárias e em aspectos técnicos (TI, pesquisa, engenharia) com relação aos principais envolvidos. Também é analisada a metodologia utilizada na organização, verificando os processos e as áreas de conhecimento. Além disso, são verificadas as competências comportamentais e contextuais, avaliando as competências dos principais envolvidos em liderança, negociação, resolução de conflitos etc.
- **Pesquisa de satisfação dos clientes:** esta pesquisa serve de inspiração para avaliação e montagem do plano de crescimento e deve ser feita através de questionários claros abor-

dando a satisfação dos clientes quanto aos acertos no gerenciamento de escopo, prazo, custos, qualidade, bem como aferindo sua satisfação no relacionamento e na comunicação.
- **Análise dos fatores críticos de sucesso:** avalia o nível de comprometimento da alta administração com os projetos e o provável comprometimento da alta administração com o plano de crescimento.
- **Identificação das necessidades imediatas:** identificam-se aqui os principais desafios da organização e os fatores que criam esta necessidade. Deve-se, também, levantar uma lista de melhorias do setor, desejáveis para enfrentar uma nova realidade.

Uma vez estabelecido o plano de longo prazo, inicia-se o trabalho que vai realmente trazer a transformação para a organização, por meio de ações que vão possibilitar o crescimento da maturidade. Trata-se do plano de curto prazo. Esse plano pode envolver outras áreas além do setor em questão, caso elas tenham influência no sucesso de seus projetos ou nos seus participantes. Dessa forma, a execução de tarefas identificadas no planejamento efetuado não ficará restrita ao setor cuja maturidade se deseja aumentar. A correta percepção desse aspecto é um fator crítico de sucesso e envolve equipe e liderança.

6.4. *Organization Project Management Maturity Model* (OPM3)

O *Organization Project Management Maturity Model* (OPM3), desenvolvido pelo PMI, tem como objetivo padronizar modelos de maturidade ricos em alternativas competitivas para o mercado e indicar caminhos para as empresas desenvolverem suas capacidades em gerenciamento de projetos. A proposta do modelo é apoiar as organizações para que elas desenvolvam capacidades para alinhar seus objetivos estratégicos a sua operação através de projetos.

O OPM3 fornece um mecanismo que permite acompanhar o progresso dos interesses estratégicos da organização através da execução eficiente e bem-sucedida dos projetos. Ela auxilia a organização a utilizar o gerenciamento de projetos para atingir metas nos prazos e dentro do orçamento. O PMI reforça que uma maior maturidade em gerenciamento de projetos frequentemente se reflete de forma direta na melhoria da eficácia geral da organização.

O OPM3 é um modelo de aplicação geral. Foi desenvolvido com a participação e o consenso de diversos profissionais em gerenciamento de projetos pertencentes a organizações de 35 países, abrangendo várias culturas e diferentes tipos de indústrias, atividades econômicas e agências governamentais.

O modelo não utiliza a classificação em níveis e sim em valores percentuais. Ele é constituído dos seguintes elementos:

- **Conhecimento (*knowledge*):** este elemento descreve o gerenciamento de projetos organizacional e a maturidade em gerenciamento de projetos organizacional.
- **Avaliação (*assessment*):** este elemento apresenta métodos, processos e procedimentos pelos quais uma organização pode autoavaliar sua maturidade. Trata-se de um questionário com 151 questões, por meio do qual é possível identificar as forças e fraquezas da organização relativas a um corpo de melhores práticas.

❏ **Aperfeiçoamento (*improvement*):** este elemento fornece um processo para se mover da atual maturidade para um nível maior. Trata-se de um banco de dados de aproximadamente seiscentas melhores práticas. De acordo com o próprio PMI, é esse aspecto que diferencia o modelo OPM3 dos outros modelos de maturidade existentes no mercado.

O OPM3 toma por base a estrutura do Guia PMBOK e a amplia para programas e portfólios de projeto. São definidos quatro estágios de amadurecimento: padronização, mensuração, controle e melhoria contínua, onde se avalia o quanto a empresa aplica as boas práticas de gerenciamento de projeto em seus programas e portfólios.

O OPM3 fornece ao usuário conhecimento e ferramentas para que este se avalie em comparação com o OPM3 e, com base nos resultados dessa avaliação, decida qual o caminho a ser seguido para a implantação das melhorias. O OPM3 agrupa essas ações em passos denominados de ciclo OPM3.

O ciclo OPM3 é composto de cinco passos:

❏ Conhecimento e preparação para avaliação.
❏ Avaliação da maturidade.
❏ Plano de melhoria.
❏ Implementar melhorias.
❏ Reavaliar e repetir o processo.

6.5. *Project Management Maturity Model* (PMMM)

Kerzner, em 2006, apresentou uma extensão do CMM, modelo consagrado para avaliação do estágio de desenvolvimento de software, para a área de gerenciamento de projetos, o PMMM.

O PMMM combina a estrutura e os níveis de maturidade do CMM com a estrutura de áreas de conhecimento do Guia PMBOK. Este modelo detalha cinco níveis de desenvolvimento para o alcance da excelência em gerenciamento de projetos:

❏ **Nível 1 – Linguagem comum:** a organização reconhece a importância do gerenciamento de projetos, estabelecendo uma terminologia através de um bom entendimento e conhecimento básico do processo.
❏ **Nível 2 – Processos comuns:** a organização reconhece a necessidade de estabelecer processos comuns para projetos visando repetir o sucesso eventualmente obtido em outros projetos.
❏ **Nível 3 – Metodologia singular:** a organização reconhece a possibilidade da integração e combinação de várias metodologias centradas em gerenciamento de projetos.
❏ **Nível 4 – *Benchmarking*:** este nível é atingido através de um processo contínuo de comparação das práticas de gerenciamento de projetos desenvolvidas por uma organização com outras do mercado, de maneira a obter informações que possibilitem a melhoria de seu desempenho para o alcance da excelência.

❏ **Nível 5 – Melhoria contínua:** a organização utiliza informações obtidas no nível anterior para implementar mudanças que possibilitem a melhoria contínua do gerenciamento de projetos.

O nível de maturidade em projetos proposto por Kerzner (2006) pode ser avaliado de acordo com o ciclo de vida da empresa para o alcance da maturidade e da excelência em gerenciamento de projetos e divide-se em cinco fases:

❏ **Fase embrionária:** o gerente sênior deve saber que a gestão de projetos é capaz de melhorar a empresa a partir da base.
❏ **Fase de aceitação pela gerência executiva:** os gerentes executivos devem dar visibilidade do processo à equipe e devem ser reais conhecedores de gestão de projetos. A dificuldade de aderência do gerente executivo às vezes se faz pelo vínculo indissociável do fracasso do projeto, quando ocorre, ao seu nome.
❏ **Fase de apoio aos gerentes da área:** os gerentes da área estão comprometidos com a gestão de projetos e dispostos a liberar os funcionários para treinamento.
❏ **Fase de crescimento:** a empresa reconhece a utilidade das fases do ciclo de vida do projeto, tem metodologia desenvolvida e comprometida com o planejado, minimizando as oscilações de escopo com um sistema de rastreamento do projeto definido.
❏ **Fase de maturidade:** a empresa entende a importância da integração de custo e tempo e utiliza indicadores de valor agregado com a definição precisa das verbas gastas em cada uma das atividades. Possuem, ainda, sistemas de contabilidade horizontal capazes de identificar gerentes que produzam estimativas precisas, prazos exequíveis e custos realistas e sistemas de ensino continuado de longo prazo baseados em arquivos de "lições aprendidas".

6.6. PMM e PMC

O PMC pode ser um instrumento para a melhoria da maturidade em gerenciamento de projetos. Se a organização utiliza um escritório de gerenciamento de projetos como apoio à estrutura organizacional, ele pode ser utilizado como sugerido no capítulo anterior.

Pode servir também como metodologia para boa parte dos projetos de uma organização ou para ajudar no alinhamento estratégico, permitindo comparar os projetos considerados estratégicos. Pode ser também uma ferramenta para apoio aos Sistemas de Informação.

A **Figura 6-4** ilustra a utilização do PMC na construção da maturidade em gerenciamento de projetos.

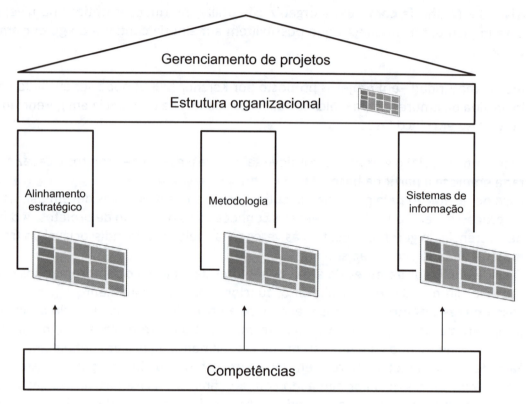

Figura 6-4. PMM e PMC

6.7. Questões de Revisão

O que é a maturidade em gerenciamento de projetos?

Para que serve um modelo de maturidade em gerenciamento de projetos?

Quais os componentes-chave do modelo de maturidade em gerenciamento de projetos?

Cite outros modelos de maturidade em gerenciamento de projetos.

Relacione o PMM e o PMC.

6.8. Referências Bibliográficas

FINOCCHIO JÚNIOR, José. Project Model Canvas: planejamento em uma folha. **Revista Mundo Project Management**, fev./mar. 2013.

NASCIMENTO, Thiago C. **Percepções de Maturidade em Gerenciamento de Projetos à luz da Nova Gestão Pública:** uma investigação com gestores das secretarias estaduais do Rio Grande do Norte. Dissertação de Mestrado. UFRN, 2011.

PROJECT MANAGEMENT INSTITUTE. **PMBOK – Project Management Body of Knowledge:** um guia do conhecimento em gerenciamento de projetos. 5 ed. Newtown Square: PMI, 2013.

RABECHINI JÚNIOR, R. **Competências e maturidade em gestão de projetos:** uma perspectiva estruturada. São Paulo: Annablume, Fapesp, 2005.

SILVEIRA, G. A. **Fatores contribuintes para a maturidade em gerenciamento de projetos:** um estudo em empresas brasileiras. Tese (Doutorado em Administração de Empresas) – USP, São Paulo, 2008. 383 p.

PARTE III. CASOS DE USO DO PMC

7. Projetos de Tecnologia da Informação

Este capítulo trata de diversos exemplos de projetos que utilizaram ou podem utilizar o PMC como ferramenta ou mesmo como metodologia na área de Tecnologia da Informação. Os projetos ilustrados aqui abrangem os temas governança e infraestrutura e servem de guia para projetos nesta área utilizando o PMC.

7.1. Contexto

A Tecnologia da Informação (TI) é a tecnologia que suporta a informação, seu processamento e seu armazenamento, sendo utilizada para objetivos diversos. Acredita-se que a TI é fundamental para a melhoria da competitividade de uma organização. Com o avanço do uso de processos empresariais que utilizam a TI como apoio em grande escala, ela tornou-se a "espinha dorsal" para muitos negócios. Olhando também para fora da organização, o avanço do uso da TI e a sua popularização é notável.

O livro "Strategy Maps", de Kaplan e Norton, publicado em 2004, faz referência ao capital da informação (portanto, a TI) como um dos componentes principais do BSC. A introdução do capital da informação como um componente estratégico do BSC significou um marco para a indústria de TI. Os homens da estratégia e não da TI finalmente tinham reconhecido a importância dos ativos de TI e a sua contribuição para os objetivos estratégicos.

Outros autores como Nicholas Carr (2003) questionam a real influência da TI sobre a lucratividade e a competitividade das empresas. Carr afirma que o potencial da TI para proporcionar vantagem competitiva está se esvaindo à medida que ela se torna mais eficaz, mais acessível e mais padronizada.

Assumindo que a TI é importante, mesmo que muitas vezes vista como um custo ou sem oferecer vantagem estratégica, a grande questão hoje é saber como fazer a TI contribuir para a melhoria do desempenho empresarial, considerando as suas diferentes formas de uso na organização e o fato de a TI permear todos os setores da organização, dificultando a própria monitoração do seu uso e do seu valor agregado. Essa é uma questão antiga, tratada, por exemplo, por Thomas Davenport[15] em 1994.

A indústria de TI é global. O Brasil, de acordo com a consultoria IDC, emprega seiscentas mil pessoas e movimentou o equivalente a US$ 39 bilhões em hardware, software e serviços no ano de 2011. Computada a TI utilizada pelo governo e em outras atividades da economia, o setor teve um peso relativo de 3,2% do PIB, com um mercado total de cerca de US$ 68 bilhões em 2012.

É importante ressaltar que o uso da TI se encontra em diferentes estágios em diferentes organizações. Sua maior ou menor importância vai depender de como ela é utilizada e da maturidade desse uso. Em certas organizações a TI é vista e tratada como custo; em outras a TI é vista como estratégica e geradora de valor.

As organizações são coletâneas de grandes processos, processos estes que devem responder a demandas das mais diversas. Fusões e aquisições de empresas, por exemplo, são movimentos cada vez mais comuns que alteram estratégias preestabelecidas. Essas alterações reconfiguram processos que devem refletir a nova organização. A base de funcionamento dos processos empresariais na atualidade é a TI.

Se processos de negócio que dependem da TI são alterados em função de estratégias que se modificam constantemente devido principalmente às mudanças do ambiente, que tal tratar de ter uma TI flexível que permita a rápida reconfiguração da organização?

Esta é a grande questão dos dias de hoje. Organizações das mais diversas operam seus sites e arquiteturas na internet para suporte aos processos e precisam que essas estruturas atendam a demandas que variam de forma não previsível. Os clientes, para boa parte dessas organizações, estão em algum lugar no globo, conectados à internet. Portanto, o desafio da TI é atender a esses clientes com o desempenho e os níveis de serviço desejados.

A **Figura 7-1** ilustra o capital da informação na perspectiva do BSC. O conceito de capital da informação é equivalente ao conceito de TI e mais abrangente do que os de processamento de dados, sistemas de informação, engenharia de software, informática ou o conjunto de hardware e software, pois também envolve aspectos humanos, administrativos e organizacionais.

De forma simples, a TI pode ser dividida em duas grandes partes: aplicações e infraestrutura. Esse conjunto precisa ser projetado para atender aos requisitos dos processos empresariais mencionados anteriormente e melhorar o desempenho empresarial.

Aplicações, por sua vez, podem ser classificadas em quatro partes:

- **Aplicações estratégicas**, que mudam o negócio predominante das empresas.
- **Aplicações informacionais**, que promovem a análise, a interpretação e o compartilhamento de informação e conhecimento. É similar ao conceito de BI já tratado anteriormente.
- **Aplicações transacionais**, que automatizam as transações básicas das empresas.

---

[15] **Reengenharia de Processos:** como inovar na empresa através da tecnologia da informação. São Paulo: Campus, 1994.

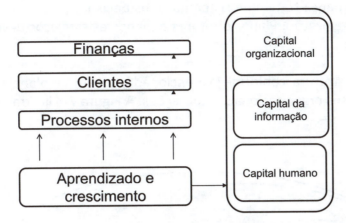

Figura 7-1. Ativos intangíveis (aprendizado e crescimento)

A infraestrutura de TI que representa a infraestrutura compartilhada e o expertise gerencial necessários para o fornecimento e o uso eficazes das aplicações de capital da informação pode ser classificada em gerencial e física.

A **Figura 7-2** ilustra os componentes do capital da informação.

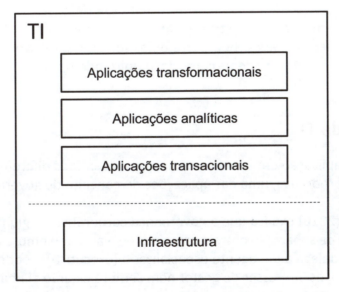

Figura 7-2. Componentes do capital da informação

A grande questão atual é alinhar a TI ao negócio. Governança da TI trata prioritariamente disso. De forma geral, pode-se dizer que uma empresa tem boa governança de TI quando tem bom alinhamento. Negócios flexíveis exigem TI flexível.

Diversas formas já foram propostas no sentido de alinhar a estratégia da TI à estratégia do negócio. Não é objetivo deste livro mencionar tais propostas. Trata-se aqui de uma única maneira que utiliza o BSC como ponto de partida.

Projetos de governança tratam de sistematizar as decisões na área de TI, alinhar essas decisões às decisões da organização. Planos diretores e planos estratégicos devem ser realizados buscando este alinhamento.

Projetos de infraestrutura, conforme já mencionado, devem ser planejados para durar mais do que projetos de processos organizacionais e aplicações. A **Figura 7-3** ilustra esse fato.

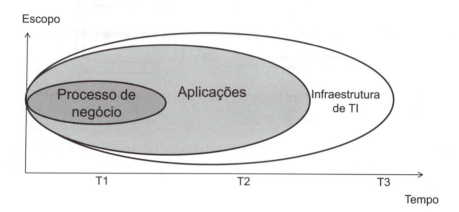

Figura 7-3. Horizonte de planejamento (baseado na ITIL)

Os projetos de governança e infraestrutura ilustrados neste capítulo dão suporte aos objetivos estratégicos das organizações citadas. Boa parte deles foi criada em *workshops* que promovi em capitais do Brasil sobre a construção de projetos de TI utilizando o PMC.

7.2. Governança da TI

Governança tem aplicação em variados campos com sentidos diferentes. A governança de TI deriva da governança corporativa, uma das aplicações do conceito de governança.

Cordeiro da Silva (2010) explica que a governança corporativa surgiu para superar o "conflito de agência", decorrente da separação entre a propriedade e a gestão empresarial. Nessa situação, o proprietário (acionista) delega a um agente especializado (executivo) o poder de decisão sobre sua propriedade. No entanto, os interesses do gestor nem sempre estarão alinhados com os do proprietário, resultando em um conflito de interesses.

A preocupação da governança corporativa é criar um conjunto eficiente de mecanismos, tanto de incentivos quanto de monitoramento, a fim de assegurar que o comportamento dos executivos esteja sempre alinhado com o interesse dos acionistas.

A boa governança proporciona aos proprietários (acionistas ou cotistas) a gestão estratégica de sua empresa e a monitoração da direção executiva. Ferramentas de controle da propriedade sobre a gestão, como o conselho de administração, a auditoria independente e o conselho fiscal, ajudam a manter a boa governança.

A empresa que opta pelas boas práticas de governança corporativa adota como linhas mestras a transparência, a prestação de contas, a equidade e a responsabilidade corporativa. Para tanto, o conselho de administração deve exercer seu papel, estabelecendo estratégias para a empresa, elegendo e destituindo o principal executivo, fiscalizando e avaliando o desempenho da gestão e escolhendo a auditoria independente.

Cordeiro da Silva (2010) reforça que a ausência de conselheiros qualificados e de bons sistemas de governança corporativa tem levado empresas a fracassos decorrentes de:

- Abusos de poder (do acionista controlador sobre minoritários, da diretoria sobre o acionista e dos administradores sobre terceiros).
- Erros estratégicos (resultado de muito poder concentrado no executivo principal).
- Fraudes (uso de informação privilegiada em benefício próprio, atuação em conflito de interesses).

A governança da TI decorre da governança corporativa e especifica direitos de decisão e estrutura de responsabilidades para encorajar comportamentos desejáveis no uso da TI (WEILL & ROSS).

A governança de TI deve então estar alinhada à governança corporativa. Dois aspectos principais são tratados pela governança de TI:

- **Direitos de decisão** tratam de estabelecer quem de fato deve tomar decisão referente às principais questões da TI, incluindo os princípios de TI, arquitetura empresarial, infraestrutura, necessidades comerciais e priorização dos investimentos em TI.
- **Estruturas de responsabilidades** normalmente existem para facilitar o atendimento de padrões ditados por normas e regras, o que se convencionou chamar de gestão de conformidade (*compliance*). Em TI, gestão da conformidade é utilizada de forma mais abrangente e se refere ao atendimento de padrões ditados por normas e regras e também aos esforços para evitar desvios, o que se convenciona chamar de controles gerenciados.

O modelo de governança de TI implantado depende do modelo de governança da organização e da estratégia vigente. Ou seja, a estratégia define o modelo de governança a ser utilizado, que, por sua vez, define o modelo de governança de TI. Conforme já dito, a governança de TI prioriza fundamentalmente o aspecto do alinhamento entre o negócio e a TI.

Mais recentemente os aspectos regulatórios dos mercados têm exercido grande pressão para que empresas adotem boas práticas de governança de TI.

7.2.1. Matriz de Arranjos de Governança da TI

Uma parte importante da governança de TI é definir a estrutura de decisão para TI, conforme citado anteriormente. Weill e Ross (2006) criaram a matriz de arranjos de governança de TI que permite sistematizar as decisões de TI considerando quais as principais decisões a serem tomadas (títulos das colunas) e quem as toma (títulos das linhas).

As cinco principais decisões de TI, títulos das colunas da matriz, são:

- **Princípios de TI:** esclarece o papel de negócio da TI. Trata das declarações de alto nível sobre como a TI é e deve ser utilizada no negócio.
- **Arquitetura de TI:** define os requisitos de integração e padronização dos processos e sustenta o modelo operacional da organização. Trata da organização lógica de dados, aplicações e infraestrutura, definidas a partir de um conjunto de políticas, relacionamentos e opções técnicas adotadas para obter a padronização e a integração técnicas e de negócio desejadas.
- **Infraestrutura de TI:** determina os serviços de entrega e de suporte da TI. Trata dos serviços de TI, coordenados de maneira centralizada e compartilhada, que fornecem a base para a capacidade de TI da empresa.
- **Necessidade de aplicações de negócio:** especifica as necessidades de aplicações, quer sejam adquiridas em formas de pacote ou desenvolvidas internamente.
- **Investimentos e priorização de TI:** trata da escolha de que iniciativas financiar e quanto gastar. Trata de decisões sobre quanto e onde investir em TI, incluindo a aprovação de projetos e as técnicas de justificativa.

Na matriz de arranjos de governança da TI, os títulos das linhas listam um conjunto de arquétipos que identificam as pessoas envolvidas nas decisões de TI:

- **Monarquia de negócio:** os altos gerentes.
- **Monarquia de TI:** os especialistas em TI.
- **Feudalismo:** cada unidade de negócio toma decisões independentes.
- **Federalismo:** combinação entre o centro corporativo e as unidades de negócio, com ou sem o envolvimento do pessoal de TI.
- **Duopólio de TI:** o grupo de TI e algum outro grupo.
- **Anarquia:** tomada de decisões individuais ou por pequenos grupos de modo isolado.

Esses arquétipos descrevem os arranjos decisórios que os autores encontraram em uma pesquisa com as maiores empresas americanas. O desafio sugerido pelo modelo é determinar quem deve ter a responsabilidade por tomar e contribuir com cada tipo de decisão de governança de TI. A **Figura 7-4** ilustra a matriz de arranjos de governança.

As organizações possuem diferentes arranjos decisórios que muitas vezes não são explícitos. Esses arranjos estão intimamente ligados aos mecanismos de controle da informação e à sua cultura e, em muitas situações, para o bem da organização, precisam ser mudados. A mudança só é realmente efetivada com o apoio e o envolvimento das lideranças do primeiro time de executivos que estão fora da organização de TI.

Os modelos de decisão envolvem tanto o gerente de TI (ou mesmo o CIO em organizações onde o cargo de TI está no nível de diretoria) quanto o gerente de outras áreas e dependem de como a organização pensa a TI. A decisão de terceirizar os serviços de infraestrutura, por exemplo, deve estar de acordo com a estratégia vigente, e o seu sucesso depende do alinhamento encontrado entre o negócio e a TI. Também a arquitetura de TI influencia e é influenciada pela infraestrutura de TI. É mais comum que a arquitetura de TI que sustenta o modelo operacional e a estratégia influenciem a infraestrutura de TI.

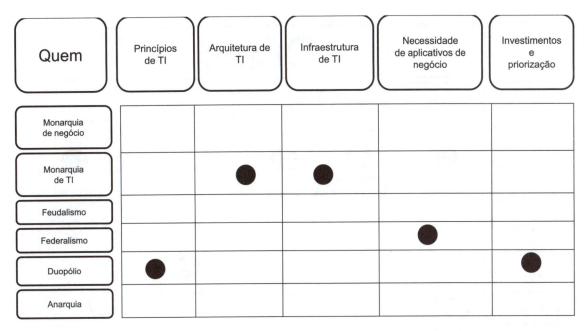

Figura 7-4. Matriz de arranjos de governança de TI

Investimento e custeio da TI são temas relevantes. O investimento em TI representa hoje uma boa parcela do investimento total de uma organização, qualquer que seja o seu setor. Nos Estados Unidos os recursos destinados a TI variam de 1,5% a 7% da receita total das empresas. No Brasil esses números são um pouco inferiores (quem mede isso é a FGV-SP, em uma pesquisa realizada anualmente). Boa parcela desse montante é referente a investimentos. Uma questão importante e atual é provar o retorno sobre os investimentos em TI, o dito alinhamento visto por uma outra ótica. O uso da TI na organização tem um aspecto complexo devido à diversidade das aplicações empresariais amparadas pela TI, e saber o retorno não é uma tarefa trivial.

O que acontece com as empresas que possuem uma governança de TI efetiva? Segundo Weill e Ross (2006), têm lucros até 20% maiores do que empresas que buscam estratégias similares.

Weill e Ross (2006), em pesquisa feita nos Estados Unidos com 256 firmas, detectaram três melhores arranjos, mostrados na **Figura 7-5**. Os autores observaram que, na maioria das empresas onde a governança de TI é considerada de boa qualidade, as decisões referentes a princípios de TI e priorização de investimentos são baseadas em arranjos do tipo duopólio, onde as decisões pertencem ao grupo de TI e a algum outro grupo. As decisões relativas à infraestrutura e arquitetura de TI, na maioria dos casos, utilizava um arranjo do tipo monarquia de TI.

No livro "IT Savvy" (2009), Weill e Ross afirmam que a chave para elaborar um projeto eficaz de governança de TI é "fazer tudo do modo mais simples possível". Para tanto, os autores apontam quais são os quatro passos fundamentais que devem ser seguidos no processo de desenvolvimento das políticas:

- ❏ Buscar o alinhamento com as áreas de negócios.
- ❏ Mapear projetos e serviços de TI.
- ❏ Estabelecer prioridades.
- ❏ Acompanhar os resultados.

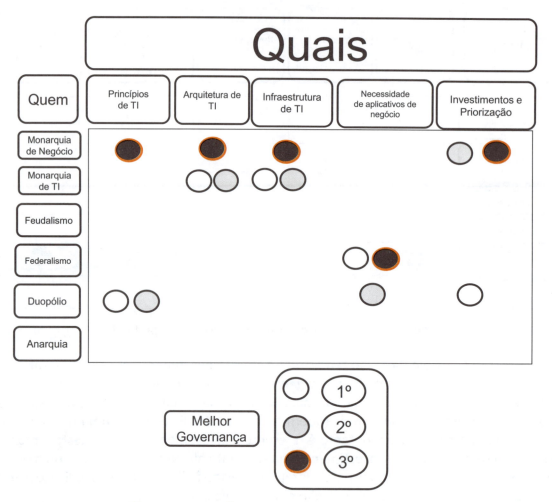

Figura 7-5. Melhores arranjos de governança

Uma maneira de pensar o investimento em TI é utilizar o conceito de portfólio de projetos visto no Capítulo 4. Portfólio é uma coleção de projetos agrupados de forma a oferecer uma gestão mais eficaz alinhada aos objetivos da organização e à estratégia. Na abordagem de portfólio os projetos envolvidos não estão necessariamente relacionados e existe uma preocupação maior com mitigação de riscos, alocação de recursos e resultados. A estratégia orienta a governança, que define o portfólio e prioriza os projetos.

O conceito de portfólio de projetos de TI envolve a soma total dos investimentos em TI, incluindo aquisições de hardware, software, redes e contratação de pessoal. O portfólio de projetos de TI pode ser gerenciado como um portfólio financeiro, pesando-se riscos e benefícios dos projetos para o atingimento das metas empresariais, conforme já dito no Capítulo 4.

A abordagem de portfólio de projetos permite balancear risco e retorno e assim adequar e realinhar investimentos quando a economia e/ou a estratégia mudam. Os níveis de investimento e a definição do portfólio normalmente estão operacionalizados através do orçamento anual, mas podem ser repensados a todo o momento. É evidente que a decisão de como compor o portfólio depende da estratégia e da governança em curso.

A abordagem de portfólio de projetos define quatro classes de investimentos para TI, conforme descrito anteriormente.

- **Infraestrutura de TI:** trata de prover serviços compartilhados e integração.
- **Aplicações estratégicas:** tratam de prover vantagem competitiva.
- **Aplicações informacionais:** tratam de prover informações analíticas.
- **Aplicações transacionais:** tratam de processar transações e cortar custos.

A grande questão é a definição de quanto dos investimentos para a TI vão para as três classes de aplicações e para infraestrutura, incluindo o *staff*.

O problema dessa abordagem é que os projetos prioritários de hoje não são os projetos prioritários daqui a seis meses. O ambiente se encarrega de complicar esse aspecto. E mais: alguns projetos importantes não conseguem ser previstos, simplesmente surgem e precisam ser executados. Esses aspectos devem ser considerados quando do gerenciamento do portfólio.

7.2.2. Acordo de Nível de Serviço (*Service Level Agreement* – SLA)

Acordos de nível de serviço são parte do "como" da governança de TI. Os acordos de nível de serviço (*Service Level Agreements* – SLA) enumeram os serviços de TI disponíveis, os níveis alternativos de qualidade e os respectivos custos. Por meio da negociação entre a unidade de TI e as unidades de negócio, um SLA permite articular as ofertas de nível de serviços e seus custos. Essas negociações esclarecem os requisitos das unidades de negócio, orientando as decisões de governança sobre a infraestrutura e as aplicações.

Um SLA é um acordo firmado entre a área de TI e o cliente interno. O SLA descreve o serviço de TI, suas metas de nível de serviço, além de papéis e responsabilidades das partes envolvidas no acordo. Ele tem a forma de um documento que deve ser acordado entre os requisitantes ou interessados em um determinado serviço de TI e o responsável pelos serviços de TI da organização e deve ser revisado periodicamente para certificar-se de que continua adequado ao atendimento das necessidades de negócio da organização.

Como o SLA envolve a definição de níveis mínimos de serviço que são esperados pelo cliente de TI, é comum o uso de indicadores que permitam a mensuração quantitativa da qualidade do serviço recebido. Alguns indicadores comumente utilizados como métricas de SLA são o desempenho e a disponibilidade. A **Tabela 7-1** ilustra os componentes típicos de um SLA.

Existem dois tipos principais de SLAs para TI: o SLA de infraestrutura, que deve garantir a disponibilidade da infraestrutura e envolve normalmente servidores, energia, conectividade da rede etc., e o SLA de aplicação, que envolve a aplicação específica. A **Tabela 7-2** ilustra elementos-chave de um SLA de infraestrutura.

Tabela 7-1. Componentes de um SLA

Componentes	Descrição
Parâmetros de nível de serviço	Descreve uma propriedade observável do serviço que possui valor mensurável.
Métricas	São definições das propriedades dos serviços que são medidas por um provedor de serviços ou computadas de outras métricas e constantes.
Função	A função especifica como computar um valor de uma métrica dos valores de outras métricas e constantes.
Diretivas de medição	Especificação de como medir as métricas.

Tabela 7-2. Elementos-chave de um SLA de infraestrutura

Elementos-chave	Descrição
Disponibilidade do hardware	99% de *uptime* por mês.
Disponibilidade da rede do datacenter	99,99% de *uptime* por mês.
Disponibilidade do *backbone*	99,999% de *uptime* por mês.
Garantia de latência interna	Não pode exceder 60 msegs em intervalos de medida de cinco minutos.
Crédito de serviço por indisponibilidade	Reembolso de crédito de serviço para o período de *downtime*.
Notificação de *outage* garantida	Notificação do cliente em no máximo uma hora do *downtime*.

A **Tabela 7-3** ilustra elementos-chave de um SLA de aplicação.

Tabela 7-3. Elementos-chave de um SLA de aplicação

Elementos-chave	Descrição
Resposta do site web	3,5 segundos por solicitação do usuário.
Latência do servidor de banco de dados	0,5 segundo por *query*.
Latência do servidor web	0,2 segundo por solicitação do usuário.

No caso da computação em nuvem, têm-se até três tipos de SLAs acordados entre o provedor de serviços e o usuário/desenvolvedor, conforme ilustra a **Figura 7-6** – SLA de aplicação, SLA de plataforma de aplicação e SLA de infraestrutura. Os acordos de nível de serviço para plataforma ainda estão em fase inicial e mesmo os acordos de nível de serviço para infraestrutura, mais comuns, são muitas vezes inadequados para clientes exigentes.

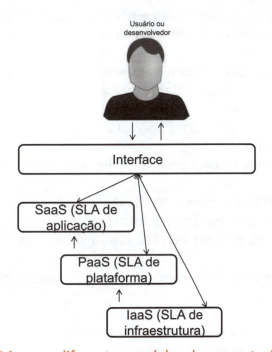

Figura 7-6. SLAs para diferentes modelos de computação em nuvem

No caso da computação em nuvem, o SLA pode ser negociado entre o provedor de nuvem e o cliente. Nesse caso, o SLA pode possuir um ciclo de vida composto pelas fases descritas a seguir:

- ❏ **Definição:** normalmente é proposta pelo provedor de serviços e define a oferta de serviços e os correspondentes SLAs usando *templates* padrões. Evidentemente, esses SLAs podem ser customizados mediante um ajuste das condições de contrato com o provedor.

- **Publicação e descoberta:** é uma fase em que os provedores anunciam suas ofertas através de um catálogo normalmente exposto na mídia e os clientes devem ter a habilidade de encontrar a oferta adequada. Os serviços encontrados podem ser negociados posteriormente.
- **Negociação:** envolve negociar o possível contrato, serviços e SLAs. Para contratos simples, esta fase é quase que automática. Para contratos complexos é uma fase vital. No caso de provedores de nuvem de infraestrutura, aplicações precisarão ser avaliadas antes de serem colocadas na nova infraestrutura.
- **Operacionalização:** trata de monitorar os SLAs, medir os parâmetros e compará-los com os valores assumidos em contrato, logicamente com apoio de um software. A operacionalização também envolve a ação de capturar e registrar os indicadores/métricas dos SLAs para conformidade e também trata da correção quando o SLA acordado não atende.
- **Descomissionamento:** envolve terminar as atividades realizadas relativas a um determinado SLA quando o contrato chega ao fim.

7.3. Projeto de Governança da TI

Parte importante de qualquer projeto de governança de TI é a geração dos planos de TI. Esses planos dão suporte ao alinhamento estratégico e põem em prática as diretrizes e estratégias traçadas pela organização. Eles podem ser classificados como:

- **Plano Diretor:** estabelece diretrizes. Normalmente consideram um horizonte de 3 a 6 anos.
- **Plano Estratégico:** define estratégias respeitando as diretrizes. Normalmente consideram um horizonte de 2 a 3 anos.
- **Plano Tático:** define os planos para operacionalizar as estratégias. Normalmente consideram horizonte de 1 ano.
- **Plano Operacional:** põe o plano em prática. Realizado normalmente para 3 meses.

Os planos estratégico (PETI) e diretor (PDTI) são a essência da governança. O Plano Diretor baliza o Plano Estratégico. Planos tático e operacional tratam de pôr os planos em prática. Os planos essencialmente devem alinhar a estratégia de TI à estratégia da organização.

Os problemas a serem resolvidos com a construção desses planos são os mais diversos, incluindo:

- Desalinhamento da TI nos setores público e privado.
- Investimento e custeio da TI mal distribuídos.
- Necessidade de mudança da TI para atuação baseada em indicadores e metas.
- Necessidade de aumento da maturidade da TI.
- Falta de estratégia para TI.

Os produtos de um projeto desse tipo incluem:

- Planos Diretor, Estratégico e Tático integrados.
- Planos de Ação de acordo com maturidade da TI e alinhados ao Plano Estratégico.
- Diagnóstico e situação desejada da TI.

Uma das formas de fazer o alinhamento estratégico entre a TI e o negócio é construir um BSC para a TI que seja o reflexo do BSC da organização. Ou seja, constrói-se o BSC da TI tendo como base o BSC da organização, conforme ilustra a **Figura 7-7**.

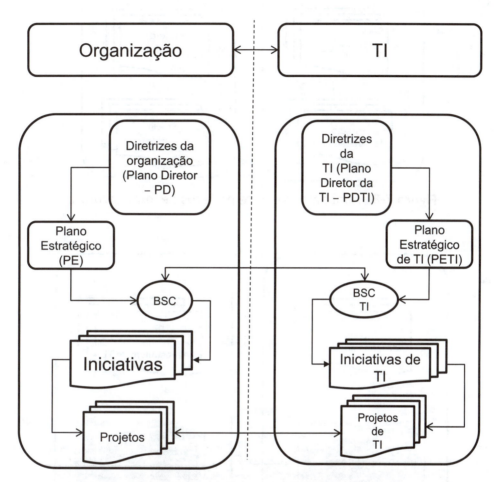

Figura 7-7. Alinhamento com BSC

O BSC da TI demandará aplicações e infraestrutura que sustentem a organização. Projetos de TI quase sempre possuem um componente de aplicação e um componente de infraestrutura. Qualquer aplicação de TI que surge de um projeto específico de TI necessita de um projeto de infraestrutura de apoio. A **Figura 7-8** ilustra esse aspecto.

O PMC pode então ser utilizado para alinhar projetos de infraestrutura da organização com projetos de infraestrutura de TI, conforme sugere a **Figura 7-9**.

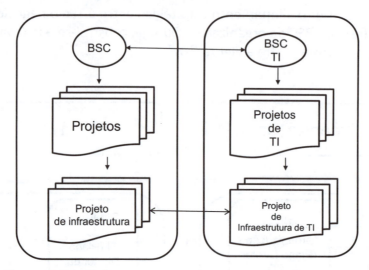

Figura 7-8. Alinhamento entre projetos de infraestrutura

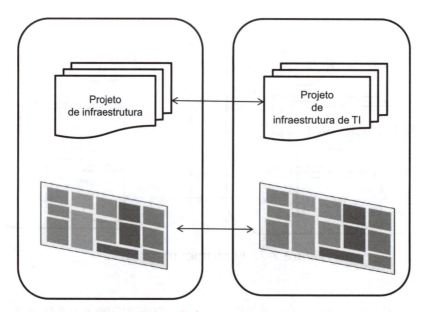

Figura 7-9. Alinhamento com o PMC

7.3.1. Governança no Tribunal de Contas Estadual (TCE)[16]

O projeto tratou de conceber a governança da TI para um determinado TCE. Neste caso específico, o compromisso com prazos para as principais entregas foi uma questão crucial de gerenciamento. O PMC pode ser utilizado em projetos similares ao do TCE para cada uma das fases, conforme ilustra a **Figura 7-10**.

---
[16] A concepção do projeto contou com a colaboração do professor Brivaldo André Marinho, da UFPB.

A utilização do PMC em cada uma das fases pode facilitar o gerenciamento ao mesmo tempo em que possibilita melhor dinâmica entre as fases e respectivas partes envolvidas.

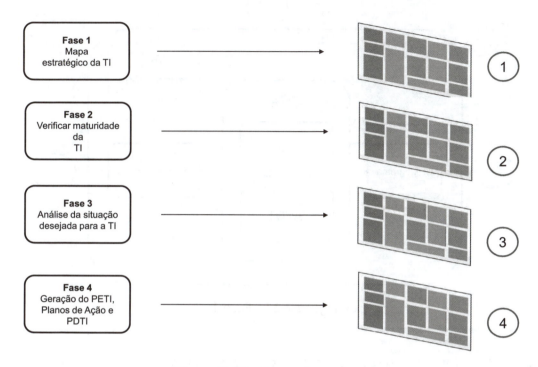

Figura 7-10. Fases do projeto

Neste projeto cada fase foi composta por uma série de atividades ilustradas nas próximas figuras. Cada uma delas possuía prazo, custo e entregas definidos.

O cronograma para projetos deste tipo pode ser de cerca de 120 dias, conforme **Tabela 7-4**. Logicamente, o tempo para execução das fases varia de acordo com o porte da organização e da TI e da prioridade do projeto.

Tabela 7-4. Cronograma do projeto do TCE[17]

Fase	Descrição	Dias
1	Elaboração do planejamento estratégico de TI	45
2	Diagnóstico e levantamento das necessidades de TI	30
3	Análise da situação desejada	15
4	Geração do Plano Diretor de TI	25
		115 dias

---

[17] Neste projeto ocorre superposição das fases para uma execução em noventa dias.

A **Figura 7-11** trata de descrever as atividades referentes à construção do mapa estratégico de TI.

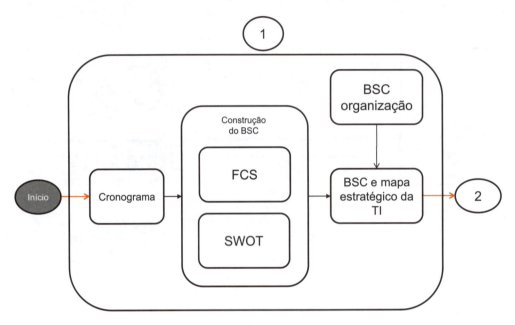

Figura 7-11. Fase 1

A **Figura 7-12** trata de descrever as atividades que permitem verificar a maturidade de TI.

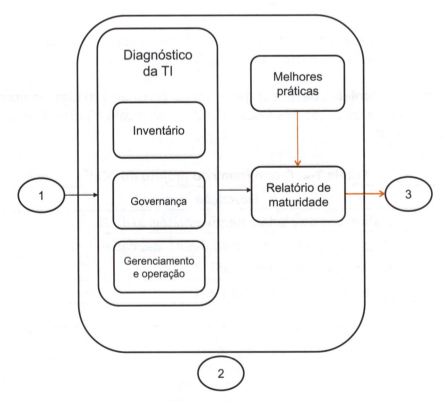

Figura 7-12. Fase 2

A **Figura 7-13** trata de descrever as atividades que permitem fazer a análise da situação desejada para a TI.

Figura 7-13. Fase 3

A **Figura 7-14** trata das atividades que permitem gerar o plano estratégico, os planos de ação e o PDTI.

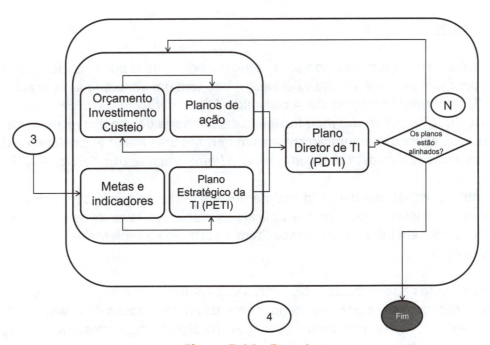

Figura 7-14. Fase 4

A **Figura 7-15** ilustra as entregas para um projeto desse porte.

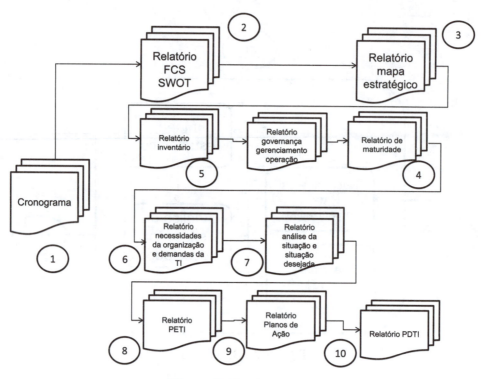

Figura 7-15. Entregas

7.4. Infraestrutura de TI

7.4.1. Visão Geral

A infraestrutura de TI tem evoluído para atender às demandas dos negócios. Os processos organizacionais precisam ser cada vez mais flexíveis, e isso tem um impacto nas aplicações e na infraestrutura de TI, conforme já mencionado. A consolidação dos datacenters foi um primeiro passo, depois veio a virtualização, que trouxe mais flexibilidade, melhoria de uso dos recursos de TI e melhor tempo de resposta. Agora a computação em nuvem permite uma maior elasticidade, otimização do uso de recursos e uso de infraestrutura como serviço (*Infrastructure as a Service* – IaaS).

Raramente é possível associar os investimentos em infraestrutura a benefícios tangíveis, pois os benefícios normalmente decorrem das aplicações. Cabe aos executivos avaliar e demonstrar como os investimentos em infraestrutura capacitam o portfólio de projetos de TI e permitem o crescimento e a inovação.

O gerenciamento de serviços de TI é o instrumento pelo qual a área de TI pode iniciar a adoção de uma postura proativa em relação ao atendimento das necessidades da organização em termos da infraestrutura de TI. O gerenciamento de serviços visa alocar adequadamente os recursos disponíveis e gerenciá-los de forma integrada, fazendo com que a qualidade do conjunto infraestrutura e aplicativo seja percebida pelos clientes e usuários.

O gerenciamento de serviços de TI está diretamente relacionado à governança de TI e à governança corporativa, como mostra a **Figura 7-16**.

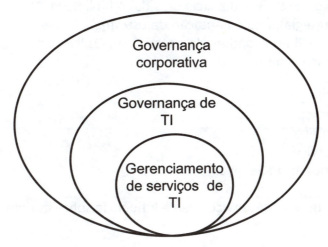

Figura 7-16. Relação entre governança e gerenciamento de serviços

A **Figura 7-17** ilustra a demanda das aplicações por soluções da infraestrutura cada vez mais rápidas de serem implementadas.

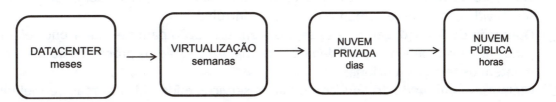

Figura 7-17. Evolução da infraestrutura de TI

7.4.2. A Biblioteca ITIL

A ITIL foi criada para disseminar de modo sistemático e coeso as melhores práticas comprovadas do gerenciamento de serviços de TI. O objetivo inicial era garantir o mínimo de padronização de atendimento em termos de processos, terminologias, desempenho, qualidade e custo, considerando a larga adoção de *outsourcing* e a subcontratação de serviços de TI por diferentes órgãos, agências e instituições do governo britânico.

Em resumo, a ITIL é um conjunto de boas práticas a serem aplicadas na infraestrutura, operação e manutenção de serviços de TI. Ela foi desenvolvida no final dos anos 1980 pela CCTA (*Central Computer and Telecommunications Agency*) e atualmente está sob custódia da OGC (*Office for Government Commerce*) da Inglaterra.

A oferta de serviços de TI relaciona-se com todo o gerenciamento – manutenção e operação – da infraestrutura de TI. A qualidade de um serviço refere-se ao grau em que ele atende às expectativas e exigências do cliente.

Os objetivos dos processos de gerenciamento de serviços de TI é contribuir para a qualidade dos serviços de TI.

Os serviços de TI acontecem em um ciclo de vida. A biblioteca ITIL é baseada na definição dos objetivos e políticas (estratégia), implementação da estratégia (projeto, transição e operação) e no aprendizado e melhoria (melhoria continuada do serviço). Os livros da ITIL versão 3 correspondem às seguintes partes do ciclo de serviço:

- ❏ Estratégia do Serviço.
- ❏ Desenho do Serviço.
- ❏ Transição do Serviço.
- ❏ Operação do Serviço.
- ❏ Melhoria Continuada do Serviço.

Cada parte do ciclo de vida de serviço exerce influência sobre as demais e conta com entradas e realimentações entre si.

- ❏ **Estratégia de Serviço:** prevê e conceitua um conjunto de serviços que ajuda o negócio a alcançar os seus objetivos. Aqui são tomadas decisões estratégicas relacionadas aos serviços que serão desenvolvidos.
- ❏ **Desenho de Serviço:** desenha ou projeta os serviços tendo em vista os objetivos de utilidade e garantia. Basicamente projeta o que a estratégia decidiu.
- ❏ **Transição de Serviço:** move os serviços para o ambiente de produção. Os serviços são desenvolvidos, testados e liberados de forma controlada.
- ❏ **Operação de Serviço:** gerencia os serviços em produção para assegurar que sejam alcançados os seus objetivos de utilidade e garantia. Aqui estão os processos do dia a dia, que mantêm os serviços funcionando.
- ❏ **Melhoria Continuada do Serviço:** avalia os serviços e identifica formas de melhorar sua utilidade e garantia no suporte aos objetivos do negócio.

A **Figura 7-18** ilustra as relações entre as partes no ciclo de vida de serviço.

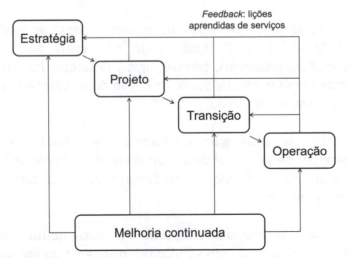

Figura 7-18. Relações entre as partes no ciclo de vida

7.5. Projeto de Datacenter

7.5.1. Visão Geral

Um datacenter é um conjunto integrado de componentes de alta tecnologia que permitem fornecer serviços de infraestrutura de TI de valor agregado, tipicamente processamento e armazenamento de dados, em larga escala, para qualquer tipo de organização. Ou seja, o serviço de TI entregue aos clientes depende da qualidade desse componente, conforme ilustra a **Figura 7-19**.

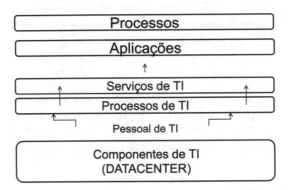

Figura 7-19. Componentes de TI – Processos de TI – Serviços de TI – Aplicativos

Os datacenters e suas conexões de rede formam a infraestrutura básica de TI de qualquer organização. O datacenter consiste de dois núcleos principais: a infraestrutura (também conhecida como Tecnologia de Operação – TO) e a TI (Tecnologia da Informação – TI). A TO inclui instalações físicas, energização, refrigeração e proteção contra incêndio. A TI inclui servidores, armazenamento e rede. O gerenciamento inclui aspectos da TO e da TI. Evidentemente, uma boa operação de datacenters é a base para o bom gerenciamento de serviços de TI.

Os datacenters são alimentados por energia e conectados ao mundo externo por uma rede de telecomunicações (para *upload* e *download*). Assim, os datacenters podem ser divididos em três grandes blocos: TO (inclui instalações físicas, equipamentos de energia e refrigeração), gerenciamento e TI, conforme ilustra a **Figura 7-20**.

O mercado de datacenters deverá crescer nos próximos anos a taxas muito expressivas. Um estudo feito em 2011 por Christian Belady, da Microsoft, mostra que em 2020 o mercado de datacenters deverá ser de US$ 218 bilhões. Mesmo considerando a redução do preço do datacenter por watt ocorrido pelo uso de novas tecnologias e da adoção da modularidade em novos projetos, o volume de investimentos é muito grande.

A construção de um datacenter tradicional envolve o projeto e a implementação das seguintes subpartes dentro do que se convencionou chamar de TO:

- ❑ **Subsistema de Infraestrutura.**
  - **Célula estanque.** Célula estanque e eclusa com paredes e portas corta-fogo.
  - **Piso elevado.** Piso elevado para célula estanque, eclusa, telecomunicações, depósito e NOC e corredor de acesso à eclusa.

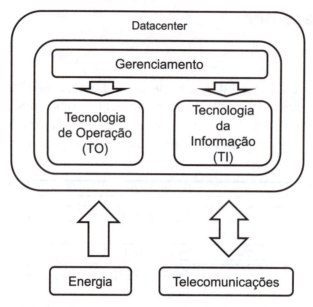

Figura 7-20. Componentes do datacenter

- **Subsistema de climatização.**
  - Sistema de climatização de precisão redundante para a célula estanque.
  - Sistema de climatização de conforto redundante e que suporte funcionamento ininterrupto (24x7) para as áreas de telecomunicações e *no-break*.
  - Sistema de climatização de conforto para as demais áreas.
- **Subsistema de provimento ininterrupto de energia elétrica.**
  - Sistema de provimento ininterrupto de energia elétrica para célula estanque, telecomunicações e NOC (*Network Operating Center*), incluindo fornecimento e instalação de gerador, chaves de comutação, UPS redundante, quadros de distribuição, disjuntores, tomadas e fiação necessários.
  - Circuitos de energia elétrica para as demais áreas, incluindo fornecimento e instalação de quadros de distribuição, disjuntores, tomadas e fiação necessários.
- **Subsistema de detecção e combate a incêndio.**
  - Sistema de detecção precoce e combate a incêndio com uso de gás inerte para a célula estanque.
  - Sistema de detecção e combate a incêndio com uso de extintores apropriados (eletricidade e mobiliário) para as demais áreas.
- **Subsistema de segurança física.**
  - Controle biométrico nas portas de acesso, sendo: uma na eclusa, uma no NOC, uma na sala de telecom e uma na sala de *no-break*.
  - Vigilância por meio de câmeras de vídeo dos pontos de acesso e dos interiores da célula estanque e das áreas de telecom, NOC e *no-break*.
- **Subsistema de cabeamento estruturado de dados e *racks*.**
  - Cabeamento estruturado, telefonia e rede, composto por cabos de fibra óptica e cobre para todas as áreas.
  - Cabeamento vertical composto por cabos de fibra óptica e cobre, interligando o datacenter aos centros de distribuição da rede (*wiring closet*).

- *Racks* padronizados para servidores de rede, equipamentos de telecomunicação e demais equipamentos que compõem a célula estanque e a área de telecomunicações.

O papel principal das subpartes e dos componentes do datacenter é possibilitar o atingimento do nível de serviço adequado para cada aplicativo em funcionamento. A ideia central de um projeto de datacenter é oferecer níveis de serviço de acordo com a criticidade dos aplicativos, ao mesmo tempo em que garante o desempenho. O datacenter é o elemento central da infraestrutura de TI.

O desempenho na computação em nuvem, por exemplo, depende em certa forma dos componentes físicos do datacenter. Ou seja, para que um serviço tenha um excelente desempenho, o servidor do datacenter físico deve também ter excelente desempenho. O mesmo vale para a disponibilidade.

Outro aspecto importante a ser considerado em projetos de datacenters é a eficiência energética. A eficiência do datacenter até bem pouco tempo atrás era medida unicamente em termos de indicadores vinculados a disponibilidade e desempenho. Com os aspectos ambientais sendo cada vez mais considerados, o aumento dos custos de energia e a limitação no fornecimento de energia por parte de algumas concessionárias, é natural que os gerentes de infraestrutura de TI repensem a estratégia para o datacenter e considerem o aspecto da eficiência energética nas diversas escolhas que precisam fazer, incluindo engenharia, equipamentos, tecnologias e a própria operação.

O livro "Datacenter: componente central da infraestrutura de TI", publicado pela Brasport e de minha autoria, trata o assunto com profundidade.

7.5.2. Infraestrutura de Datacenter para o TCE-PA[18]

A construção de um datacenter deve obrigatoriamente ser precedida por um projeto executivo que considera todas as questões relevantes envolvidas na sua construção. O projeto mostrado no diagrama da **Figura 7-21** foi descrito pelo próprio pessoal do TCE-PA utilizando o PMC. O PMC foi formulado em *workshop* realizado em Belém-PA em 2013 e está em concordância com o edital lançado referente a esse projeto.

A justificativa para o projeto se baseia no fato de que a estrutura atual de datacenter do TCE-PA não oferece as condições de segurança e disponibilidade exigidas pela instituição. Para tanto, é necessário revisar todos os subsistemas elétricos, climatização, controle de acesso, detecção e combate a incêndios, cabeamento e monitoramento.

Em projetos de datacenters, uma ferramenta como o PMC pode ser utilizada tanto pelo pessoal interno que formulará as grandes questões a serem resolvidas com o projeto como pelo pessoal envolvido da empresa contratada.

---

[18] Desenvolvido por Carlos Gomes, Ana Caroline Manfé e Mateus Pedroso.

136 Gerenciamento de Projetos: Project Model Canvas (PMC)

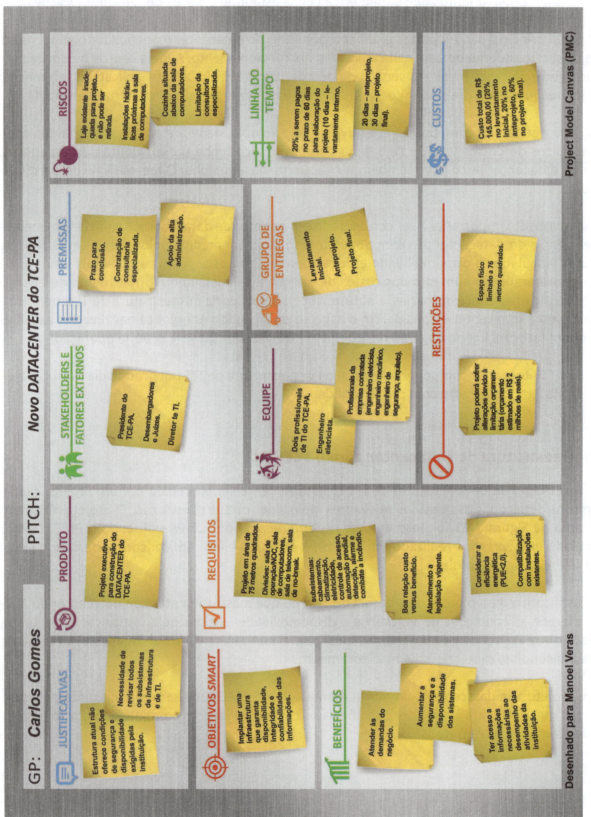

Figura 7-21. Datacenter do TCE-PA

7.6. Projeto de Virtualização

7.6.1. Visão Geral

O datacenter foi otimizado com a utilização do recurso de virtualização. As aplicações finalmente passaram a ser processadas nas mesmas máquinas físicas. A virtualização isola as aplicações da camada de infraestrutura e permite a otimização do uso dos recursos de TI.

A virtualização pode ser conceituada de duas principais formas:

É o particionamento de um servidor físico (normalmente do tipo x86) em vários servidores lógicos. A **Figura 7-22** ilustra que cinquenta servidores são substituídos por um servidor virtual que equivale a cinquenta máquinas virtuais (*Virtual Machines* – VMs) ou instâncias virtuais, e, portanto, a taxa de consolidação é de 50:1.

A virtualização pode ser vista também como uma camada de abstração entre o hardware e o software que protege o acesso direto do software aos recursos físicos do hardware. A virtualização permite que a camada de software (aplicações e sistema operacional) seja isolada da camada de hardware. Normalmente a virtualização é implementada por um software.

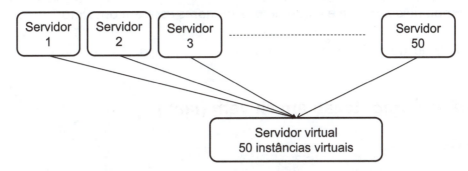

Figura 7-22. O que é a virtualização (1)

A virtualização possibilitou a melhoria de uso dos datacenters com a otimização do uso de recursos. Basicamente, um software implementa a camada de virtualização e possibilita um certo nível de abstração do hardware. Ela cria máquinas virtuais que são baseadas em máquinas físicas. A densidade de máquinas virtuais (VMs) (relação de máquinas virtuais para máquinas físicas) é função da qualidade do software de virtualização.

O software que implementa a virtualização normalmente é do tipo *hypervisor*. O *hypervisor* é conhecido como monitor de máquina virtual (*Virtual Machine Monitor* – VMM) e representa a camada de abstração que entrega para o sistema operacional convidado um conjunto de instruções de máquinas equivalente ao processador físico. O servidor físico virtualizado pode então rodar várias instâncias virtuais.

A virtualização simplifica o gerenciamento e permite flexibilizar e ampliar o poder de processamento. Funcionalidades contidas nos softwares de virtualização também permitem melhorar a disponibilidade e a recuperação de desastres de ambientes de TI de uma maneira mais simples e com menor custo quando comparado a formas tradicionais.

Com a virtualização, cada VM utiliza um sistema operacional e suas respectivas aplicações. Diversas VMs podem coexistir no mesmo servidor físico.

> **DICA: projetos de virtualização são complexos e precisam considerar a migração das aplicações para o ambiente virtualizado.**

O livro "Virtualização: Componente Central do Datacenter", publicado pela Brasport e de minha autoria, trata com profundidade o assunto.

7.6.2. Implantação da Virtualização na SINFO-UFRN[19]

O projeto de virtualização do datacenter da SINFO-UFRN é vital para a melhoria do desempenho dos sistemas SIG da referida universidade. O projeto foi concebido utilizando o PMC com o apoio do pessoal da própria SINFO em *workshop* realizado em Natal em 2013.

As justificativas para a realização do projeto são o alto custo da energia elétrica, falta de espaço físico, alto tempo de *downtime* e o fato de os servidores estarem obsoletos.

A **Figura 7-23** ilustra o PMC para esse projeto.

7.7. Projeto de Computação em Nuvem (IaaS)

7.7.1. Visão Geral

A arquitetura de TI utilizada pelas organizações inicialmente era centralizada (arquitetura *mainframe*), depois se tornou descentralizada com a adoção do modelo cliente-servidor e computação para web e agora volta a ser centralizada com a adoção da computação em nuvem. Esse movimento pendular de alguma forma acompanha as necessidades das organizações no que diz respeito à informação e à utilização dos seus recursos tecnológicos.

A **Figura 7-24** ilustra o avanço da arquitetura. Observa-se que as arquiteturas de TI, desde o início do seu uso comercial, aparecem como um movimento pendular; em certos momentos, acontecem de forma centralizada, em outros mais adiante, de forma descentralizada.

A arquitetura *mainframe*, centralizada, era focada na melhor utilização dos recursos. Na época a visão era que a utilização de recursos muito caros deveria ser otimizada. Flexibilidade para o usuário ficava em segundo plano.

---

[19] Desenvolvido por Francisco Ferreira; Júlio Cesar; Rafael Pacheco; Thiberius Lima; Hamilton Neto; Kalil Carvalho.

Projetos de Tecnologia da Informação 139

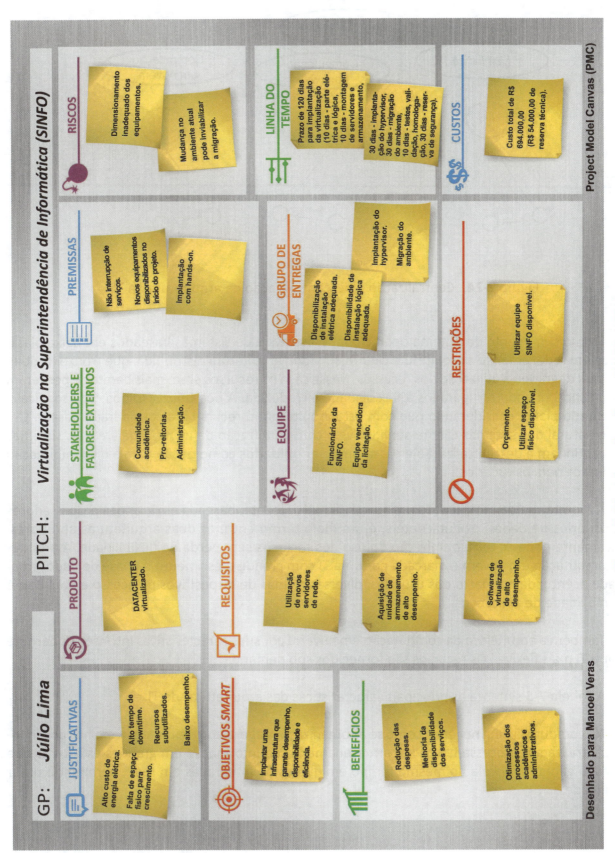

Figura 7-23. Virtualização na SINFO-UFRN

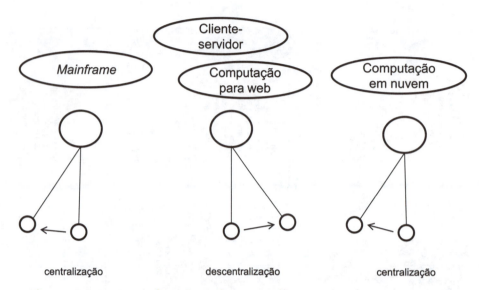

Figura 7-24. Centralização e descentralização da arquitetura da TI

Com o surgimento do sistema operacional Windows e de sistemas baseados em baixa plataforma e em rede, emergiu a arquitetura cliente-servidor, arquitetura distribuída, que trouxe flexibilidade, mas degradou a utilização dos recursos. Nesse caso os recursos eram mais baratos e perderam a importância quando comparados à flexibilidade introduzida. A boa utilização dos recursos ficava em segundo plano, considerando que com esta arquitetura o recurso era considerado barato. Um avanço natural dos sistemas cliente-servidor veio com a utilização da *world wide web*. Os sistemas web mantinham a descentralização e passaram a ser utilizados como opção para a disponibilização da interface para os usuários.

A arquitetura da computação em nuvem, a mais recente, baseada em grandes processadores e repositórios de dados, os datacenters, é um meio termo entre as duas arquiteturas anteriores. Teoricamente pode-se ter a otimização do uso dos recursos sem perda de flexibilidade. A arquitetura computação em nuvem é marcada por uma TI com grande crescimento da base de dados, mobilidade acentuada por parte dos usuários, diversas formas de dispositivos de acesso e abundante disponibilidade de aplicativos.

Também a arquitetura da computação em nuvem, por suas características intrínsecas, permite tornar a TI mais flexível. Os recursos são fornecidos sob demanda.

A **Tabela 7-5** sintetiza as principais características das arquiteturas de TI.

Na computação em nuvem é como se as organizações agora aproveitassem o melhor dos mundos. Centralizam o processamento e o armazenamento da informação em grandes estruturas que propiciam ganho de escala ao mesmo tempo em que estão integradas em rede, permitindo obter flexibilidade.

Tabela 7-5. Comparação entre as arquiteturas de TI

	Tecnologia	Economia	Modelo de Negócio
Mainframe	Computação centralizada	Otimizado para eficiência por causa do alto custo	Alto custo de hardware e software
Cliente/servidor e computação para web	Computação distribuída	Otimizado para agilidade devido ao baixo custo	Licença Perpétua para SO e aplicativos
Computação em nuvem	Grandes datacenters	Otimizado para eficiência e agilidade	Paga pelo uso

Fonte: **The Economics of the Cloud**, Microsoft, nov. 2010.

A definição do NIST (*National Institute of Standards and Technology*), órgão pertencente ao departamento de comércio americano, para computação em nuvem é a mais aceita. O conceito do NIST trata das características essenciais da nuvem, das modalidades de serviço e das formas de implementação. Segundo o NIST, a computação em nuvem é um modelo que permite acesso à rede de forma onipresente, conveniente e sob demanda a um conjunto compartilhado de recursos de computação configuráveis que podem ser rapidamente alocados e liberados com o mínimo esforço de gerenciamento ou interação com o prestador de serviço.

Segundo o NIST, um modelo de computação em nuvem deve apresentar algumas características essenciais:

- **Autosserviço sob demanda:** funcionalidades computacionais são providas automaticamente, sem a interação humana com o provedor de serviço.
- **Amplo acesso à rede:** recursos computacionais estão disponíveis através da internet e são acessados via mecanismos padronizados, para que possam ser utilizados por dispositivos móveis e portáteis, computadores etc.
- *Pool* **de recursos:** recursos computacionais (físicos ou virtuais) do provedor são utilizados para servir a múltiplos usuários, sendo alocados e realocados dinamicamente conforme a demanda do usuário.
  - *Multitenancy* é a essência da caraterística "pool de recursos". *Multitenancy* na camada de infraestrutura é a própria virtualização e na camada de aplicação é a utilização de uma arquitetura que serve a múltiplos inquilinos (*tenants*) e portanto otimiza o uso dos recursos.
- **Rápida elasticidade:** prega que as funcionalidades computacionais devem ser rápidas e elasticamente providas, assim como rapidamente liberadas. O usuário dos recursos deve ter a impressão de que possui recursos ilimitados, que podem ser adquiridos (comprados) em qualquer quantidade e a qualquer momento.

A **Figura 7-25** ilustra as características essenciais da nuvem.

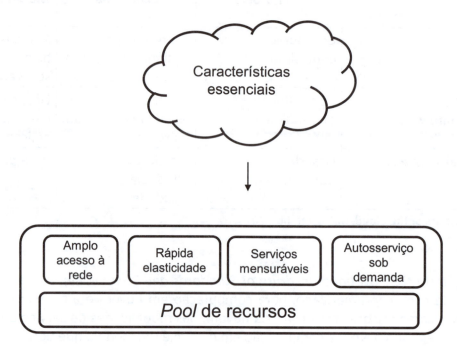

Figura 7-25. Características essenciais da nuvem

Segundo o NIST, existem três principais modelos de serviços para computação em nuvem:

- **Infraestrutura como um serviço (*Infrastructure as a Service* – IaaS):** é a capacidade que o provedor tem de oferecer uma infraestrutura de processamento e armazenamento de forma transparente e representa uma abstração da infraestrutura propriamente dita. Neste cenário, o usuário não tem o controle da infraestrutura física, mas, através de mecanismos de virtualização, possui controle sobre as máquinas virtuais, o armazenamento e os aplicativos instalados, e algum controle limitado sobre os recursos de rede.
- **Plataforma como um serviço (*Platform as a Service* – PaaS):** são capacidades oferecidas pelo provedor para o desenvolvedor de aplicativos – aplicativos estes que serão executados e disponibilizados na nuvem. A plataforma na nuvem oferece um modelo de computação, armazenamento e comunicação para os aplicativos.
- **Software como um serviço (*Software as a Service* – SaaS):** são aplicativos de interesse para uma grande quantidade de usuários, que passam a ser hospedados na nuvem como uma alternativa ao processamento local. Os aplicativos são oferecidos como serviços por provedores e acessados pelos clientes através de aplicações como o *browser*. Todo o controle e gerenciamento da rede, sistemas operacionais, servidores e armazenamento é feito pelo provedor de serviço.

A **Figura 7-26** ilustra os possíveis modelos de computação em nuvem:

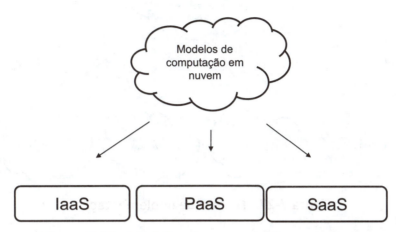

Figura 7-26. Modelos de computação em nuvem

Segundo o NIST, existem quatro principais modelos de implantação para computação em nuvem:

- **Nuvem privada:** compreende uma infraestrutura de computação em nuvem operada e quase sempre gerenciada pela organização cliente. Os serviços são oferecidos para ser utilizados pela própria organização, não estando publicamente disponíveis para uso geral. O Gartner alerta que a nuvem privada é definida por privacidade, não propriedade, localização ou responsabilidade de gestão.
- **Nuvem pública:** é disponibilizada publicamente através do modelo pague-por-uso. São oferecidas por organizações públicas ou por grandes grupos industriais que possuem grande capacidade de processamento e armazenamento.
- **Nuvem comunitária:** neste caso a infraestrutura de computação em nuvem é compartilhada por diversas organizações e suporta uma comunidade que possui interesses comuns. A nuvem comunitária pode ser administrada pelas organizações que fazem parte da comunidade ou por terceiros e pode existir tanto fora como dentro das organizações.
- **Nuvem híbrida:** a infraestrutura é uma composição de duas ou mais nuvens (privadas, públicas ou comunitárias) que continuam a ser entidades únicas, porém conectadas, através de tecnologias proprietárias ou padronizadas que propiciam a portabilidade de dados e aplicações. A nuvem híbrida impõe uma coordenação adicional a ser realizada para uso das nuvens privadas e públicas com impactos na governança.

A **Figura 7-27** ilustra as formas de implementação da computação em nuvem:

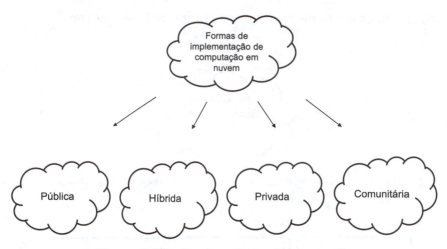

Figura 7-27. Formas de implementação

7.7.2. Elasticidade

Elasticidade é uma propriedade fundamental da nuvem. É o poder para dimensionar recursos computacionais diminuindo ou expandindo-os facilmente e com o mínimo de atrito. É importante compreender que a elasticidade acabará por propiciar a maioria dos benefícios da nuvem.

A elasticidade da computação em nuvem permite transferir o risco da baixa utilização e da alta utilização (saturação) para uma situação de ajuste fino entre a carga de trabalho e os recursos disponíveis. A ideia central da nuvem é possibilitar que as aplicações que rodam em datacenters isolados possam rodar na nuvem em um ambiente de larga escala e de uso elástico de recursos.

Elasticidade tem a ver com a demanda atual e a demanda futura. Com o uso maciço da internet, as organizações já não sabem exatamente como os clientes se comportam. Imagine uma companhia aérea vendendo bilhete a um preço irrisório no fim de semana e voltando à operação normal na segunda-feira. O que fazer com a infraestrutura de TI? No fim de semana precisa-se de muito recurso, mas já na segunda-feira os recursos estariam sobrando. Essa característica é difícil de ser obtida quando a organização utiliza uma infraestrutura interna. A virtualização utilizada internamente ajuda, mas pode não resolver. Como solicitar banda à operadora para o fim de semana e depois devolver essa mesma banda de forma rápida? Existem questões ainda difíceis de serem resolvidas.

A proposta da computação em nuvem é de alguma forma melhorar o uso dos recursos e tornar a operação de TI mais econômica. Também é evidente que só a elasticidade propiciada pelos componentes da nuvem, os datacenters, não é suficiente para garantir a elasticidade requerida pelas organizações no uso dos recursos. Também os aplicativos e as suas arquiteturas deverão ser orientadas a serviço para garantir a elasticidade. Tradicionais "approaches" baseados em técnicas de escalabilidade horizontal (*scale-out*) e escalabilidade vertical (*scale-up*) utilizadas tanto para o hardware como para o software em muitos casos já não são mais suficientes.

A natureza elástica e rápida da abordagem de nuvem deve permitir que a infraestrutura de TI possa ser alinhada com a demanda real, aumentando assim a utilização, reduzindo os custos e naturalmente beneficiando o negócio.

O IDC, no seu artigo "The Business Value of Amazon Web Services Accelerates Over Time", estima o tamanho do mercado mundial para serviços de nuvem pública de mais de US$ 70 bilhões até 2015.

A computação em nuvem é o avanço natural da virtualização. Ela é uma espécie de nível a mais de abstração quando comparada à virtualização. A **Figura 7-28** ilustra esse aspecto.

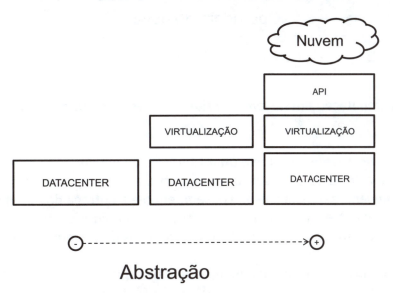

Figura 7-28. Níveis de abstração

A utilização da computação em nuvem pode trazer diversos benefícios (ISACA, 2013):

❏ Mudar a forma de financiar a TI de grandes investimentos de capital para despesas operacionais.
❏ Realocar recursos de TI para atividades de negócio principais.
❏ Procurar utilizar aplicativos que são mais simples e baratos de implementar, utilizar e ter suporte.
❏ Aumentar a escalabilidade e flexibilidade, melhorando as condições de responder às condições de mercado.
❏ Estimular a inovação.

Um outro conceito importante é sobre a arquitetura de referência, que define os atores da nuvem. O NIST definiu uma arquitetura de referência para a nuvem, conforme ilustra a **Figura 7-29**.

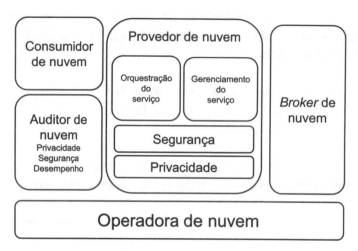

Figura 7-29. Arquitetura de referência

Os atores da computação em nuvem, considerando esse modelo de referência, são descritos a seguir:

- **Consumidor de nuvem:** adquire e utiliza serviços de nuvem.
- **Provedor de nuvem:** responsável por disponibilizar o serviço de nuvem.
- **Broker de nuvem:** gerencia o uso, o desempenho e a entrega dos serviços de nuvem e negocia a relação entre o provedor de nuvem e o consumidor de nuvem.
- **Auditor de nuvem:** conduz a avaliação dos serviços de nuvem com foco em privacidade, desempenho e segurança.
- **Operador de nuvem:** fornece conectividade e transporta os serviços entre CP e CC.

> **DICA:** projeto de infraestrutura na forma de computação em nuvem (Infrastructure as a Service – IaaS) não são simples. É necessário pensar as grandes fases, incluindo a migração do ambiente antigo para o ambiente novo. A migração é um aspecto vital desse tipo de projeto.

7.7.3. Computação em Nuvem no TJ-SP[20]

O objetivo deste projeto posto na forma de edital é o de adquirir uma solução completa de computação em nuvem, denominada "Private Cloud" (nuvem privada), composta por softwares e respectivos licenciamentos, implantação, suporte técnico e treinamento. Reforça-se que esse projeto ainda vai ser executado, e a sugestão aqui é a de utilizar o PMC para o planejamento de cada uma das fases.

O PMC pode ser utilizado como ferramenta de gerenciamento para cada uma das fases. O fato de ser visual permite neste caso que o contratado possa interagir com o TJ-SP de forma dinâmica, alertando para determinados riscos, restrições e premissas assumidas. Cada uma das fases pode

---

[20] Baseado no edital de licitação MODALIDADE: PREGÃO ELETRÔNICO Nº 287/13 do Poder Judiciário TJ-SP.

gerar um PMC que documenta o projeto e serve de *input* para as outras fases. Além disso, o PMC permite padronizar toda a comunicação entre as partes.

As fases do projeto descritas no edital do TJ-SP estão ilustradas na **Figura 7-30**.

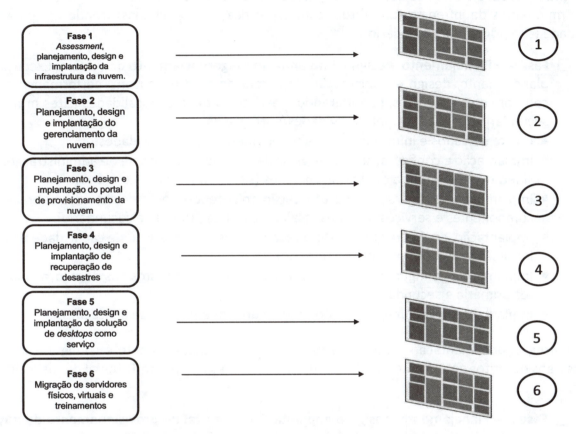

Figura 7-30. Fases do projeto de nuvem privada

As fases do projeto são assim descritas:

☐ **Fase 1 – *Assessment*, planejamento, design e implantação da infraestrutura da nuvem.** Execução do *assessment*, planejamento, design e implementação da plataforma de virtualização de servidores e seus componentes/serviços, considerando a existência de duas localidades (sites primário e secundário), com as seguintes atividades/entregáveis:
- Coleta de dados e informações para desenho da infraestrutura virtual.
- Identificação de potenciais oportunidades de otimização da infraestrutura virtualizada para ganho de performance e incremento de sua efetiva utilização.
- Implantação de console de gerenciamento da plataforma de virtualização.
- Configuração do serviço de alta disponibilidade do gerenciamento da plataforma de virtualização.
- Implantação e configuração de todos os *hosts* envolvidos nesta solução nas duas localidades (sites primário e secundário).

- Configuração de todos os serviços/componentes da plataforma de virtualização conforme documentação de planejamento e design.
- Instalação, configuração e customização do serviço de orquestração.
- Instalação e configuração do serviço de *Data Security.*

Entregas: documentos de design da arquitetura dos ambientes virtuais (contém um inventário dos componentes da infraestrutura virtual com especificações detalhadas), sendo um para cada localidade (site primário e secundário).

- ❏ **Fase 2 – Planejamento, design e implantação do gerenciamento da nuvem.** Execução do planejamento, design e implantação de gerenciamento de nuvem, performance e seus componentes e serviços, considerando a existência de duas localidades (sites primário e secundário), com as seguintes atividades/entregáveis:
  - Coleta de dados e informações para mapeamento das necessidades.
  - Implantação e configuração dos serviços da solução e de console de administração, considerando a existência de duas localidades (sites primário e secundário).
  - Implantação, configuração e customização do gerenciamento de sistemas operacionais, componentes e serviços nas duas localidades (sites primário e secundário).
  - Implantação, configuração e customização da gestão e previsão de capacidade nas duas localidades (sites primário e secundário).
  - Implantação, configuração e customização da gestão de custos nas duas localidades (sites primário e secundário).
  - Implantação, configuração e customização do mapeamento de aplicações.

Entregas: documentação contendo o detalhamento de planejamento e configuração de todos os itens descritos anteriormente, de acordo com as necessidades do Tribunal de Justiça de São Paulo.

- ❏ **Fase 3 – Planejamento, design e implantação do portal de provisionamento da nuvem.** Execução do planejamento, design e implantação de autoprovisionamento da nuvem e seus componentes e serviços, com as seguintes atividades e entregáveis:
  - Levantar as informações para desenho do ambiente de computação em nuvem.
  - Customização do portal para o ambiente do Tribunal de Justiça, incluindo a infraestrutura compartilhada, seus componentes, redes de distribuição, organizações, recursos e catálogos de serviços.
  - Identificar e revisar as aplicações que serão migradas para o ambiente de nuvem, considerando o design da solução, definindo metodologia e processos para a criação dos catálogos de serviços.
  - Instalação da solução de provisionamento automatizado de máquinas virtuais e integração com a solução de computação em nuvem.
  - Integração da solução de provisionamento automatizado com o Microsoft *Active Directory* (AD) para autenticação dos usuários.
  - Disponibilizar aos usuários da nuvem a possibilidade de requisitar máquinas virtuais através do catálogo de serviços, envio da requisição através de até dois fluxos de aprovações e implantação dessas máquinas virtuais na solução de computação em nuvem.

- Deverão ser discutidos entre o fornecedor da solução e o Tribunal de Justiça os processos relevantes de implementação para permitir ao Tribunal de Justiça um entendimento geral das atividades e dos processos necessários para construir e suportar um ambiente de computação em nuvem.

Entregas: documento de design da arquitetura do ambiente de computação em nuvem (contém um inventário dos componentes da infraestrutura virtual com especificações detalhadas).

☐ **Fase 4 – Planejamento, design e implantação de recuperação de desastres.** Execução do planejamento, design e implantação de recuperação de desastres e seus componentes e serviços, considerando a existência de duas localidades (sites primário e secundário), com as seguintes atividades/entregáveis:
- Deverão ser discutidos entre o fornecedor da solução e o Tribunal de Justiça os processos referentes à criação dos planos de recuperação de desastre e suas características entre os sites.
- Instalação, configuração e testes da solução nas duas localidades (sites primário e secundário).
- Criação e configuração dos planos de recuperação.
- Implantação dos planos de recuperação nas duas localidades (sites primário e secundário).
- Simulação/testes de todos os planos de recuperação criados e implantados, para assegurar o seu correto funcionamento em caso de desastres. Esses testes não devem ocasionar a interrupção de qualquer serviço em execução no ambiente virtual.

Entregas: documento de design da arquitetura do ambiente de recuperação de desastre (contém um inventário dos componentes da infraestrutura virtual com especificações detalhadas).

☐ **Fase 5 – Planejamento, design e implantação da solução de *desktops* como serviço.** Execução do planejamento, design e implantação do *desktop* como serviço e seus componentes e serviços, com as seguintes atividades/entregáveis:
- Coleta de dados e informações para desenho do ambiente virtual.
- Implantação da console de gerenciamento da plataforma de virtualização de *desktops*.
- Configuração do serviço de alta disponibilidade do gerenciamento da plataforma de virtualização de *desktops*.
- Criação da imagem *master* para distribuição dos *desktops* virtuais.
- Implantação e configuração dos recursos para distribuição dos *desktops* virtuais.

Entregas: documento de design da arquitetura do ambiente de *desktops* virtuais (contém um inventário dos componentes da infraestrutura virtual com especificações detalhadas).

☐ **Fase 6 – Migração de servidores físicos, virtuais e treinamentos.** Execução da migração de servidores físicos e virtuais para o novo ambiente virtual, com as seguintes atividades/entregáveis:
- *Assessment* para virtualização de servidores físicos, contendo a coleta de informações de inventário e utilização.

- Migração de até trezentos servidores físicos para virtuais (P2V). Todas as atividades de migração devem ocorrer fora do horário comercial.
- Migração de até cem servidores virtuais existentes para o novo ambiente virtual (V2V). Todas as atividades de migração devem ocorrer fora do horário comercial.

Entregas: migração de até cem servidores.

A **Tabela 7-6** resume as fases, o mínimo de profissionais requisitados para cada fase e o tempo previsto para duração.

Tabela 7-6. Cronograma do projeto TJ-SP

Fase	Descrição da fase	Total mínimo de profissionais	Tempo previsto de duração
1	*Assessment*, planejamento, design e implantação da infraestrutura da nuvem	Consultor sênior: 4 Gerente de projeto: 1	70 dias
2	Planejamento, design e implantação do gerenciamento da nuvem	Consultor sênior: 6 Gerente de projeto: 1	100 dias
3	Planejamento, design e implantação do portal de provisionamento da nuvem	Consultor sênior: 4 Gerente de projeto: 1	70 dias
4	Planejamento, design e implantação de recuperação de desastres	Consultor sênior: 4 Gerente de projeto: 1	60 dias
5	Planejamento, design e implantação da solução de *desktops* como serviço	Consultor sênior: 2 Gerente de projeto: 1	30 dias
6	Migração de servidores físicos, virtuais e treinamentos	Consultor sênior: 4 Gerente de projeto: 1	50 dias

7.7.4. Computação em Nuvem no Governo do RN[21]

Este projeto foi concebido pela equipe do governo do RN em *workshop* promovido em Natal em 2013.

A justificativa para o projeto é baseada no alto custo enfrentado pelo governo do RN para operar os sistemas de TI.

A equipe propõe realizar um estudo de viabilidade de migração de uma estrutura de TI convencional baseada em datacenter corporativo para uma arquitetura de nuvem. A **Figura 7-31** ilustra o PMC para este projeto.

---

[21] Concebido por Elainy Holanda, Douglas Militão, André Maranhão, Rivaldo Xavier, Rivaldo Fernandes e Ferdinando Kleiton.

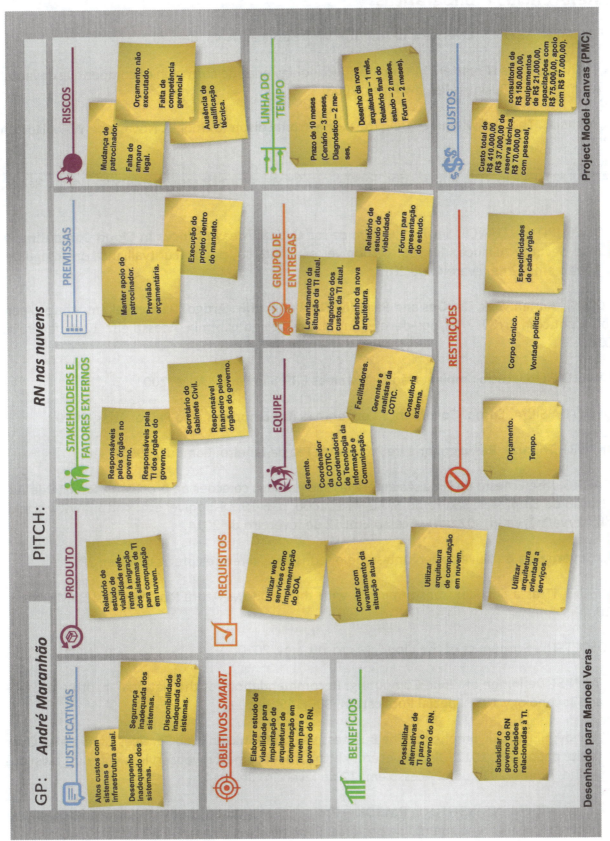

Figura 7-31. Computação em nuvem no Governo do RN

7.8. Referências Bibliográficas

AMAZON WEB SERVICES. **Overview of Amazon Web Services**. AWS, dez. 10.

CARR, Nicholas. **Does IT matter?** Information Technology and the corrosion of competitive advantage. Boston: Harvard Business Review Press, 2003.

CARR, Nicholas. **The big switch:** rewiring the world, from Edison to Google. Nova York: W. W. Norton Co., 2008.

CESTARI FILHO, Felício. **ITIL:** Information Technology Infrastrcture Library. Escola Superior de Redes, 2012.

CLOUD SECURITY ALLIANCE. **Security Guidance for Critical Areas of focus in Cloud Computing**, v. 2.1. Cloud Security Alliance, dez. 09. Disponível em: <https://cloudsecurityalliance.org/csaguide.pdf>. Acesso em: 12 de fevereiro de 2014.

COCKCROFT, Adrian. **Ops, DevOps and PaaS (NoOps) at Netflix.** Artigo. Disponível em: <http://perfcap.blogspot.com.br/2012/03/ops-devops-and-noops-at-netflix.html>. Acesso em: 12 de fevereiro de 2014.

COLANGELO FILHO, Lúcio. Implantação de Sistemas ERP. São Paulo: Atlas, 2001.

CORDEIRO DA SILVA, Edson. **Governança Corporativa nas Empresas.** São Paulo: Atlas, 2010.

DAVENPORT, Thomas. **Reengenharia de Processos.** Rio de Janeiro: Campus, 1994.

GONCALVES, José Ernesto de Lima. As empresas são grandes coleções de processos. **Revista de Administração de Empresas**, São Paulo, v. 40, n. 1, 2000, p. 6-19. Disponível em: <http://www.scielo.br/pdf/rae/v40n1/v40n1a02.pdf>. Acesso em: 12 de fevereiro de 2014.

ISACA. **Governança da Nuvem**: perguntas que os conselhos diretores precisam fazer. 2013.

MICROSOFT. **IT as a Service:** transforming IT with the Windows Azure Platform, v. 1.0. Microsoft, nov. 10.

MICROSOFT. **The Economics of the Cloud.** Microsoft, nov. 2010.

NIST. The NIST Definition of Cloud Computing: Recommendations of the National Institute of Standards and Technology. **NIST Special Publication**, 800-145, set. 11.

PERRY, Randy; HENDRICK, Stephen D. **The Business Value of Amazon Web Services Accelerates Over Time.** White paper. IDC, 2012. Disponível em: <http://media.amazonwebservices.com/idc_aws_business_value_report_2012.pdf>. Acesso em: 12 de fevereiro de 2014.

PROJECT MANAGEMENT INSTITUTE. **PMBOK – Project Management Body of Knowledge:** um guia do conhecimento em gerenciamento de projetos. 5 ed. Newtown Square: PMI, 2013.

ROSS, Jeanne W.; WEILL, Peter; ROBERTSON, David C. **Enterprise Architecture as Strategy.** Boston: Harvard Business School Press, 2006.

ROSS, Jeanne; WEILL, Peter. **IT Governance:** how top performers manage IT decisions right for superior results. Boston: Harvard Business School Publishing, 2004.

SOUSA, Flávio R. C.; MOREIRA, Leonardo O.; MACHADO, Javam C. **Computação em Nuvem:** conceitos, tecnologias, aplicações e desafios. UFPI, 2009. Disponível em: <http://www.ufpi.br/subsiteFiles/ercemapi/arquivos/files/minicurso/mc7.pdf>. Acesso em: 12 de fevereiro de 2014.

VERAS, Manoel. **Cloud Computing:** nova arquitetura de TI. Rio de Janeiro: Brasport, 2012.

VERAS, Manoel. **Datacenter:** componente central da infraestrutura de TI. Rio de Janeiro: Brasport, 2009.

VERAS, Manoel. **Virtualização:** componente central do datacenter. Rio de Janeiro: Brasport, 2011.

WEILL, Peter; ROSS, Jeanne W. **Governança de TI:** tecnologia da informação. São Paulo: M. Books, 2006.

WEILL, Peter; ROSS, Jeanne. **IT Savvy:** what top executives must know to go from pain to gain. Boston: Harvard Business School Publishing, 2009.

Acompanhe a BRASPORT nas redes sociais e receba regularmente informações sobre atualizações, promoções e lançamentos.

 @Brasport

 /brasporteditora

 /editorabrasport

 editorabrasport.blogspot.com

 /editoraBrasport

Sua sugestão será bem-vinda!

Envie mensagem para **marketing@brasport.com.br** informando se deseja receber nossas newsletters através do seu e-mail.

e-Book
50% mais barato que o livro impresso.

À venda nos sites das melhores livrarias.

Impressão e acabamento: